Quick Guide

Quick Guides liefern schnell erschließbares, kompaktes und umsetzungsorientiertes Wissen. Leser erhalten mit den Quick Guides verlässliche Fachinformationen, um mitreden, fundiert entscheiden und direkt handeln zu können.

Weitere Bände in der Reihe http://www.springer.com/series/15709

Sophie Martinetz • Sarah Maringele

Quick Guide Legal Tech

Schritt für Schritt zur digitalen Kanzlei und Rechtsabteilung

Sophie Martinetz
Wien, Österreich

Sarah Maringele
Kopenhagen, Dänemark

ISSN 2662-9240 ISSN 2662-9259 (electronic)
Quick Guide
ISBN 978-3-658-28552-4 ISBN 978-3-658-28553-1 (eBook)
https://doi.org/10.1007/978-3-658-28553-1

Die Deutsche Nationalbibliothek verzeichnet diese Publikation in der Deutschen Nationalbibliografie; detaillierte bibliografische Daten sind im Internet über http://dnb.d-nb.de abrufbar.

Springer Gabler
© Springer Fachmedien Wiesbaden GmbH, ein Teil von Springer Nature 2020
Das Werk einschließlich aller seiner Teile ist urheberrechtlich geschützt. Jede Verwertung, die nicht ausdrücklich vom Urheberrechtsgesetz zugelassen ist, bedarf der vorherigen Zustimmung des Verlags. Das gilt insbesondere für Vervielfältigungen, Bearbeitungen, Übersetzungen, Mikroverfilmungen und die Einspeicherung und Verarbeitung in elektronischen Systemen.
Die Wiedergabe von allgemein beschreibenden Bezeichnungen, Marken, Unternehmensnamen etc. in diesem Werk bedeutet nicht, dass diese frei durch jedermann benutzt werden dürfen. Die Berechtigung zur Benutzung unterliegt, auch ohne gesonderten Hinweis hierzu, den Regeln des Markenrechts. Die Rechte des jeweiligen Zeicheninhabers sind zu beachten.
Der Verlag, die Autoren und die Herausgeber gehen davon aus, dass die Angaben und Informationen in diesem Werk zum Zeitpunkt der Veröffentlichung vollständig und korrekt sind. Weder der Verlag, noch die Autoren oder die Herausgeber übernehmen, ausdrücklich oder implizit, Gewähr für den Inhalt des Werkes, etwaige Fehler oder Äußerungen. Der Verlag bleibt im Hinblick auf geografische Zuordnungen und Gebietsbezeichnungen in veröffentlichten Karten und Institutionsadressen neutral.

Springer Gabler ist ein Imprint der eingetragenen Gesellschaft Springer Fachmedien Wiesbaden GmbH und ist ein Teil von Springer Nature.
Die Anschrift der Gesellschaft ist: Abraham-Lincoln-Str. 46, 65189 Wiesbaden, Germany

Vorwort

„Legal @ttack" – Wir haben dieses Buch verfasst, um Praktikern˚innen eine Ergänzung zu den vielen bereits existierenden Legal Tech-Standardwerken zu bieten. In unserer täglichen Arbeit rund um Legal Tech und der Digitalisierung des Rechts arbeiten wir mit den Kanzleien und Unternehmen oder einzelnen Rechtsabteilungen zusammen, die hoch motiviert sind Legal Tech in Ihrer Arbeit zu integrieren. Zum einen, weil sie klar den Trend der Digitalisierung erkannt haben, zum anderen, weil sie die massive Zunahme an Daten und Datenunordnung von der Ablage bis zur Analyse von Texten nicht mehr anders bewerkstelligen können. Heute geht es nicht mehr darum, dieselbe Arbeit mit weniger Menschen zu schaffen, sondern darum, mehr Arbeit mit derselben Anzahl von Menschen zu bewältigen. Ohne technologische Unterstützung ist dies meist undenkbar. Auch der Aspekt der Sicherheit in der Kommunikation, der eigenen Attraktivität als digitaler Arbeitgeber˚in, das Management von großen Datensets und die (Teil-)Automatisierung von Standardaufgaben sind Treiber der Digitalisierung.

Eine Frage sehen wir leider noch immer unbeantwortet: warum sind die Apps und Tools, die wir in unserem Privatleben verwenden so einfach und intuitiv anwendbar, wohingegen die Tools, die uns bei der Arbeit zur Verfügung stehen, dies nicht sind. Wir hoffen, dass sich dies in den nächsten Jahren ändern wird.

Dass „die Digitalisierung" alleine nicht alle Probleme löst, liegt auf der Hand. Im Gegenteil, sie ist ein Teilaspekt des Veränderungsprozesses in der gegenwärtigen Zeit des Umbruchs.

Unser Ziel ist es, Ihnen mit diesem Buch kurz und bündig die wichtigsten Technologien vorzustellen und Ihnen praxisorientierte Unterstützung bei der Definition Ihrer eigenen Legal Tech-Strategie und deren Umsetzung zu geben. Dabei sollen Sie nicht außer Acht lassen, dass es viele Methoden gibt, die ans Ziel führen. Wir stellen Ihnen die Methoden vor, die in unserer Berufspraxis gut funktionieren und Ihnen als Einsteiger*innen, eine umsetzungsorientierte Hilfestellung sein sollen. Sollten Sie schon ein*e Legal Tech-Expert*in sein, finden Sie in unserem Werk weitere, neue Aspekte, die Sie in Ihre existierenden Strategiemodelle und Konzepte einbinden können.

An dieser Stelle soll ein großer Dank an das gesamte Future-Law Team ausgesprochen werden, das jeden Tag Legal Tech und Digitalisierung mit all unseren Klient*innen und Partner*innen umsetzt.

Wir freuen uns über Ihre Anregungen und auch über spannende Legal Tech-Projekte. Einfach per Mail an: s.martinetz@future-law.at

In diesem Sinne wünschen wir Ihnen viel Spaß beim Lesen und Umsetzen.

Wien, Österreich Sophie Martinetz
Kopenhagen, Dänemark Sarah Maringele

Inhaltsverzeichnis

1	**Was ist Legal Tech?**	1
1.1	Allgemeines	1
1.2	Definitionen	3
1.3	Kategorien	4
	1.3.1 Wirkungsbereich	4
	1.3.2 Arbeitsbereich	5
	1.3.3 Technischer Bereich	7
1.4	Dimensionen	7
	Literatur	8
2	**Konzepte, Ideen, Begriffe**	11
2.1	Allgemeines	11
2.2	Artificial Intelligence	12
2.3	Big Data	14
2.4	Blockchain	15
2.5	Smart Contracts	17
2.6	Machine Learning	18
2.7	Natural Language Processing	19
2.8	Chatbots	20
2.9	E-Discovery und TAR Systeme	21
	Literatur	22

3　Der Weg zur Digitalisierung　25
3.1　Digitalisieren heißt Veränderungen annehmen　25
3.2　Die richtigen Fragen zum Start Ihrer Digitalisierungsreise　27
　3.2.1　Warum digitalisieren?　28
　3.2.2　Wie tickt Ihr Unternehmen?　33
　3.2.3　Wo stehen Sie und Ihr Team?　34
　3.2.4　Was kann digitalisiert werden?　36
Literatur　37

4　Die eigene Strategie entwickeln　39
4.1　Was ist eine digitale Strategie?　39
4.2　Warum eine digitale Strategie?　42
4.3　Vorüberlegungen zu Ihrer digitalen Strategie　44
4.4　Eine Anleitung zu Ihrer digitalen Strategie　46
　4.4.1　Strategie für Rechtsabteilungen　46
　4.4.2　Strategie für Anwaltskanzleien　62
4.5　Digitale Strategie – und dann?　69
　4.5.1　Exkurs: die Rolle des (Chief) Digital Officers　72
　4.5.2　Exkurs: der digitale Arbeitsplatz　73
　4.5.3　Exkurs: Zusammenarbeit mit Legal Tech Start-up-Unternehmen　75
Literatur　76

5　Faktencheck: was machen die Anderen?　79
Literatur　83

6　Verantwortung und Ethik im Umgang mit der Digitalisierung　85
Literatur　87

7　Projektmanagement　89
7.1　Definitionen　89
7.2　Klassisches und agiles Projektmanagement　91
　7.2.1　Klassisches Projektmanagement　91

		7.2.2 Agiles Projektmanagement	95

	7.2.2	Agiles Projektmanagement	95
	7.2.3	Hybrid, das neue klassisch	98
7.3	Kommunikation		99
	7.3.1	Kommunikation im Projektteam	100
	7.3.2	Kommunikation der Projektleitung	100
	7.3.3	Projektmarketing und Kommunikation mit Stakeholdern	103
7.4	Change Management		104
7.5	Beratung: Vorteile externer Projektbegleitung		107
Literatur			109
8	**Marktüberblick**		**111**
8.1	Legal Tech in Österreich		111
8.2	Legal Tech in Deutschland		114
8.3	Legal Tech in Großbritannien		115
8.4	Ein Blick über die Ozeane		117
	8.4.1	Asien	117
	8.4.2	Australien und Neuseeland	118
	8.4.3	USA	120
	8.4.4	Kanada	121
8.5	Orte der (Legal) Tech-Innovation		123
Literatur			130

1 Was ist Legal Tech?

> **Was Sie aus diesem Kapitel mitnehmen**
> - Was der Begriff Legal Tech bedeutet.
> - In welchen Bereichen Legal Tech angewendet wird.
> - Warum Legal Tech bereits jetzt ein großes Thema ist und die Zukunft des Rechtswesens beeinflussen wird.

1.1 Allgemeines

> **Legal Tech** ist die Abkürzung für den Ausdruck Legal Technology, der die Verbindung von Technologie und Recht im Arbeitsalltag bezeichnet.

Legal Tech, ein Begriff der global en vogue ist und der uns scheinbar ständig und überall begegnet. Der öffentliche Diskurs ist geprägt von Themen wie Technologisierung, Innovation und Digitalisierung. Besonders schmeichelnd ist daher der Begriff Legal Tech, welcher elegant die konservative Rechtsbranche mit diesem modernen Charakter versieht: Innovation, Technik und Recht als ein Ganzes.

Einmal einen tieferen Blick in die Start-up-Szene gewagt oder im Netz tief eingetaucht, lässt dies einen nicht schlecht staunen. Denn dort wird Legal Tech zum Tool der Zukunft. Eine Rechtswelt, in der Roboter die Klienten˙innen beraten oder ins Gericht gehen, um eine Verhandlung durchzuführen während man selbst sich anderen Dingen widmet. An Stelle von stundenlangem Suchen nach passender Judikatur spuckt der Computer binnen Sekunden alle relevanten Informationen aus. Auch auf Klientenseite stellt Legal Tech eine Vereinfachung dar: Ein eventuell kosten- und zeitintensiver Rechtsstreit wird einfach und schnell mit Hilfe eines Chatbots erledigt. Mit einigen wenigen Mausklicks gelangt man zu einem budgetschonenden Ergebnis. Ein Blick in die News Section der amerikanischen und asiatischen Großkanzleien zeigt: Fusionen mit Technologiekonzernen, Start-up-Käufe, hauseigene Tech-Branches. Sogar von einer eigenständig programmierenden Anwaltschaft wird bereits berichtet. Zudem übernehmen Apps und sonstige Programme zur Automatisierungen die meisten Büro-Arbeiten, sodass Zeit für die Planung neuer Projekte bleibt. Die Kommunikation zwischen den Anwesenden findet ohnehin in Form eines virtuellen Austausches statt. Meetings werden ohne umständliches „durch das Büro von Meeting zu Meeting eilen" in virtuellen Räumen abgehalten. Man transferiert seine Person einfach in eine künstliche Welt, während man in der realen Welt an Ort und Stelle bleibt.

Legal Tech bietet hier einen Ansatz, der erfolgsorientiert und futuristisch ist. Internet und Technik haben unsere Vorstellung von idealen Arbeitsprozessen in den letzten Jahren bereits ordentlich ins Wanken gebracht. Eine kluge Idee kann ganze Branchen ins Wanken bringen. Legal Tech kann nun eine neuerliche Krise sein oder aber auch die Lösung für eine bereits bestehende Krise in der Rechtsbranche. Manche sprechen bereits von radikalsten Umbrüchen während andere von einem Hirngespinst reden. Wieder andere vertreten eine moderate Position, die davon ausgeht, dass Technologie eine Ressource ist, mit der auf veränderte Realitäten reagiert werden kann (Vogel 2019) Da liegt es doch auf der Hand: Legal Tech, „das" muss man einfach haben/können/verkaufen/verstehen/

machen, oder …?! Doch worum geht es denn eigentlich wirklich? Und was verbirgt sich dahinter?

1.2 Definitionen

Ein genauerer Blick in die gängigsten Webpages, Literatur oder Foren aller Art lässt schnell erahnen, dass es gar nicht so einfach ist, eine einheitliche Definition für den Begriff Legal Tech zu finden. Doch wir wagen es und werden uns bemühen eine Beschreibung zu finden, die nicht vor Kompliziertheit und Fachausdrücken überquillt, sondern eine gute Basis für das weitere Verständnis der Materie bietet.

Vorab ist festzuhalten, dass es keine allgemein gültige Definition gibt, sondern verschiedene Ansätze, durch die der Begriff greifbarer gemacht werden soll. Dabei geht es nicht nur darum, den Begriff in einem theoretischen Sinne zu definieren. Vielmehr ist es zweckmäßig, in Einklang mit den ständig und schnell fortschreitenden Entwicklungen im Bereich der Technologie, einen praktischen Ansatz zu verfolgen, der sich auf die realisierten Technologien bezieht.

Die bekanntesten Umschreibungen bzw. Beschreibungen lauten wie folgt. Micha Bues klassifizierte den Begriff als ein Kofferwort und definierte ihn 2015 als einer der ersten: „Legal Tech beschreibt den Einsatz von modernen, computergestützten, digitalen Technologien, um Rechtsfindung, -anwendung, -zugang und -verwaltung durch Innovation zu automatisieren, zu vereinfachen und – so die Hoffnung – zu verbessern." (Bues 2019) Davon umfasst sind daher unter anderem alle folgenden Themenbereiche: Online-Rechtsberatungen, Online-Kanzleien, Marktplätze, Mustervorlagen, Vertragsmanagement-Software, Kanzlei-Software, Zeiterfassungs- oder auch Leistungserfassungs-Software, Recherche-Tools, Datenbanken, Dokumentenverwaltungssysteme, Big Data, Machine Learning, Artificial Intelligence, Online Dispute Resolution etc. (Kummer und Pfäffli 2017)

Eine weitere Definition lautet: „Legal Tech, bezeichnet Software und Online-Dienste, die juristische Arbeitsprozesse unterstützen oder gänzlich automatisiert durchführen. Solche IT-Produkte werden bisher vor allem von Start-ups entwickelt, die das Ziel verfolgen, effizientere Alternativen zu einzelnen Arbeitsschritten oder ganzen Rechtsdienstleistungen zu schaffen." (Podmogilnij und Timmermann 2019) Es wird angeführt, dass dabei ein breites Spektrum verschiedener IT-Produkte gemeint ist, wobei der gemeinsame Nenner im Bezug zu Rechtsdienstleistungen besteht.

In der Literatur wird Legal Tech als ein „Sammelbecken für jegliche im juristischen Bereich nutzbare Software" verstanden. In diesem Sinne bezeichnet Legal Tech folglich alle Formen der Informationstechnik, die im juristischen Arbeitsalltag eingesetzt werden (Wagner 2018).

1.3 Kategorien

Wahrscheinlich erweckt es zunächst den Anschein als wäre alles vom Begriff Legal Tech umfasst. Daher ist es hilfreich ein klein wenig tiefer zu blicken und zu kategorisieren. Hier gibt es drei Hauptperspektiven: eine Kategorisierung nach Wirkungsbereich, Arbeitsbereich oder technischem Bereich die nachfolgend beschrieben werden.

1.3.1 Wirkungsbereich

Eine solche Kategorisierung wurde von Oliver Goodenough etabliert, der aufzeigt, dass es aufgrund der Fülle an Tools, Anwendungsbereichen und dem Gang der Technologisierung hilfreich ist, Legal Tech in drei Stufen zu teilen. Dabei stellt er auf die klassischen Kriterien ab: 1.0, 2.0, 3.0. Unter Legal Tech 1.0 werden Technologien verstanden, die den Menschen in der täglichen Arbeit bei Verwendung der gegenwärtigen Systeme unterstützen. Darunter fallen unterstützte Rechtsrecherche, Dokumentenerstellung, Webinare und Video-Tutorials als digitale Fortbildungstools, Kanzleimanagement und frühe E-Discovery. In dieser Kategorie werden mittlerweile nur noch Aktualisierungen von bereits bestehenden Lösungen angeboten. (Goodenough 2019) In anderen Worten, handelt es sich um Systeme, die bereits am Markt angelangt sind und weitestgehend ihren Platz in der täglichen Anwendung gefunden haben. Legal

Tech 2.0 hingegen hat an Stelle eines unterstützenden, einen disruptiven Charakter, denn es werden menschliche Akteure, so wie wir sie im momentanen System und Workflow kennen, ersetzt. Diese Systeme verfolgen das Ziel juristische Arbeit und Kommunikation völlig selbstständig durchzuführen. Der Mensch als Sachbearbeiter wird überflüssig. Dies kann immense Konsequenzen auf dem Markt der Rechtsdienstleistung haben. Es wird daher auch von substantive law solutions gesprochen. (Veith 2016) Als potenzielle Anwendungsfelder gelten die automatische Erstellung von Verträgen, Anträgen oder Klageschriften. Des Weiteren sind auch Tools im Bereich der Online-Dispute-Resolution davon betroffen. Es handelt sich zum Beispiel um Chatbots, die ohne vorhergehende Prüfung durch Juristen*innen ein Vertragswerk so zusammensetzen, dass es von Laien benutzt werden kann. Als letzte Kategorie gilt Legal Tech 3.0. Die hierunter fallenden Technologien haben ihrem Ziel nach die stärkste Auswirkung auf die Anwaltsbranche bzw. die Rechtsbranche im Allgemeinen, sollen durch sie nicht nur einzelne Arbeitsprozesse digitalisiert, sondern das Berufsbild vollkommen auf den Kopf gestellt werden. Ein Beispiel für Legal Tech 3.0 sind Smart Contracts, die in Verbindung mit maschinenlesbarer Sprache rechtliche Verträge völlig unabhängig erstellen und ausführen. Auch virtuelle, auf künstlicher Intelligenz (KI) basierende Substitute für Anwälte*innen sind in Entwicklung. (Heckmann 2016) Als ein erstes Ergebnis ist IBM Watson[1] anzuführen, obwohl auch dieses Programm noch in den Kinderschuhen steckt.

1.3.2 Arbeitsbereich

In Zusammenarbeit haben die Boston Consulting Group und das Bucerius Center on the Legal Profession nach der Durchführung von Studien folgende Konzepte erarbeitet: Es sei nicht hilfreich, den Begriff Legal Tech so weit zu fassen, dass alles, was in Verbindung mit Technologie steht darunter fällt. Denn viele der Tools auf dem Markt sind bereits seit langer Zeit etabliert, wie z. B. Software zur Zeiterfassung oder Tools zur effizienteren Office-Organisation. Es wurde der Schluss gezogen, dass es

---

[1] Watson ist ein kognitives, KI-basiertes Computerprogramm von IBM, das zur automatischen Beantwortung von Fragen entwickelt wurde.

einer Kategorisierung bedarf: Es gibt zum einen Office Tech und zum anderen Legal Tech. Ersteres zeichnet sich dadurch aus, dass es relativ wenig Einfluss auf das Geschäftsmodell der Anwaltschaft hat. Es handelt sich dabei um Angelegenheiten der Büroorganisation, z. B. die elektronische Aktenführung, Spracherkennung, digitales Diktieren, traditionelle Datenbanken oder auch Management von Verträgen etc. Letzteres hingegen zeichnet sich dadurch aus, dass es sich mit dem Kern klassischer juristischer Arbeit überschneidet, um Software also, die die anwaltliche Leistungserbringung direkt berührt. Oder wie manche spekulieren, Software in Form von Roboter-Anwälten*innen, die die Anwaltschaft überflüssig macht. Dabei wird verwiesen auf automatisiertes Erstellen von Schriftsätzen oder sonstigen Dokumenten, Self Service Tools oder intelligente Datenbanken (Hartung et al. 2017) (IBM/Watson, Ross).[2]

Des Weiteren wurde ein legal technology framework erarbeitet, welches Legal Tech in drei Schichten teilt:

1. Enabler Technologien, welche von der Förderung der Digitalisierung handeln. Dabei werden cyber-security solutions, storage tools wie cloud storages etc. ins Treffen geführt und mit folgenden drei Schlagworten versehen: Security – Cloud – Connectivity.
2. Support-process solutions, die das Fall-Management sowie Dokumenten-und Wissensmanagement umfassen. Darunter fallen alle Tools, die Effizienzsteigerungen in die Kanzleiabläufe bringen, sei es im Backoffice oder in den Bereichen der Human Resources, im Kundenkontakt, Rechnungswesen, Fallmanagement etc.
3. Substantive law-solutions, welche Anwälte*innen in der Ausführung unterstützen oder gar ersetzen. Dabei wird auf Kernbereiche wie ‚transaction and litigation cases' verwiesen, in denen man sich Online-Services für etwaige standardisierte Rechtsfälle vorstellen kann – insbesondere im Konsumentenrecht. Auch die Anfertigung von Standardkommunikation oder die Ausführung von sich wiederholenden Prozessen kommen hier in Betracht. Ein besonderes Augenmerk

---

[2] ROSS ist eine Computer-Software (basierend auf WATSON), die mit Hilfe künstlicher Intelligenz Fragen beantwortet, die in digitaler Form in natürlicher Sprache eingegeben werden können. ROSS wird bereits in vielen Kanzleien in den USA eingesetzt.

ist dabei auf die Sichtung von Rechtsproblemen und deren Analyse zu legen. Dies bedeutet, dass Rechtsprobleme automatisiert erkannt werden können, ohne, dass es einer ressourcen-intensiven Suche bedarf und dabei auch zugleich eine Analyse liefert. (Veith 2016)

1.3.3 Technischer Bereich

Eine weitere Möglichkeit einer Kategorisierung besteht mit Blick auf die Technik und Arten der Tools, die verwendet werden sollen bzw. die auf dem Markt sind. So kann beispielsweise unterschieden werden zwischen Tools, die eine automatisierte Durchführung von Rechtsangelegenheiten sowie eine erhöhte (Rechts-)Sicherheit mit sich bringen. Dabei sind Tools, die sich der Blockchain-Technologie (Distributed Ledger Technology) bedienen gemeint. In diesem Kontext wohl für alle ein bekanntes Schlagwort sind die Smart Contracts oder auch Blockchain Courts. (Al-Toukhi 2018) Darüber hinaus gibt es Big Data- oder auch Machine Learning- sowie Natural Language Processing-basierte Tools. Beispielsweise wird in Chatbot-Funktionen, die die Kommunikation im Kundenbereich erleichtern sollen, zunehmend Natural Language Processing eingesetzt, um die Hürden der menschlichen Sprache und Intention im virtuellen Raum erfolgreich zu meistern.

1.4 Dimensionen

Ein wichtiges Element für ein gutes Verständnis der Legal Tech-Welt ist das Bewusstsein für die Vielschichtigkeit der Materie. Zum einen berührt Legal Tech den Arbeitsbereich der Anwaltschaft und betrifft dabei das Handeln innerhalb der Kanzleien ebenso wie die externe Kommunikation etc. Zum anderen ist der öffentliche Sektor anzuführen, denn illustriert dieser bestens, dass Arbeitsabläufe und Kommunikation mit der öffentlichen Hand immer stärker digitalisiert werden. So sind in Dänemark beispielsweise Pilotprojekte im Gange, bei denen lediglich elektronische Akten für die gesamte Strafprozessführung verwendet werden sollen. Auch in den Niederlanden gibt es bereits erste Pilotprojekte im

Strafrechtsbereich. Blockchain-basierend wird dort eine digitale Version des Strafprozesses bei sog. ‚low-classification cases' eingeführt. Die Idee dahinter ist es, Verdächtigen die Möglichkeit zu geben, via Applikation einfach und schnell gegenständliche Rechtsnormen nachzulesen, ihnen folglich einen kosten- und zeitaufwendigen Prozess zu ersparen. Optionen sowie Konsequenzen werden für den Laien verständlich erklärt, sodass es keiner polizeilichen Aufklärung oder eines richterlich geführten Verfahrens oder anwaltlichen Beistandes bedarf. (Trendall 2017) Eine weitere Dimension, die sich durch Legal Tech bzw. Tech ergibt, betrifft die rechtliche Verantwortung für Technologie und deren Anwendung. Legal Tech kann auch Risiken in sich bergen: Was passiert beispielsweise, wenn eine Blockchain gehackt wird? Was, wenn der Code falsch programmiert wurde bzw. die Informationen inkorrekt waren? Wie kann garantiert werden, dass die selbstständige Anwendung von Rechts-Tools durch Konsumenten˚innen unserem Verständnis von Rechtssicherheit genügt? Ist es fahrlässig, essenzielle Entscheidungen die˚den Einzelne˚n selbst in die Hand zu geben? Eine weitere Dimension ergibt sich auch im Bereich der Gestaltung von Prozessstrategien. Es bieten sich durch Legal Tech völlig neue Möglichkeiten der Beweisführung. Auch die Präsenz in Gerichten kann sich wandeln: Vielleicht gibt es in Zukunft keine Gerichtssäle mehr, sondern man trifft sich zu den Verhandlungen in einem virtuellen Gerichtssaal, während man in der realen Welt auf seinem Sessel sitzen bleibt.

> **Ihr Transfer in die Praxis**
>
> Legal Tech ist ein komplexer Begriff, da er aus den verschiedenen Disziplinen betrachtet eine weite Bandbreite von Aspekten umfasst. Um den Begriff praxisnah erfassen zu können, ist es hilfreich, ihn in Kategorien, Dimensionen und (technische) Arbeitsbereiche zu differenzieren.

Literatur

Al-Toukhi, F. 2018. Task force assembles for world's first blockchain based legal court. https://www.forbesmiddleeast.com/en/task-force-assembles-for-worlds-first-blockchain-based-legal-court/. Zugegriffen am 02.09.2018.

Bues, M. 2019. Was ist Legal Tech. http://legal-tech-blog.de/was-ist-legal-tech. Zugegriffen am 02.09.2018.

Goodenough, O. 2019. Legal technology 3.0. https://www.huffingtonpost.com/oliver-r-goodenough/legal-technology-30_b_6603658.html. Zugegriffen am 02.09.2018.

Hartung, M., M. Bues, und G. Halbleib. 2017. *Legal Tech: Die Digitalisierung des Rechtsmarkts*, 22. München: C.H. Beck.

Heckmann, J. 2016. Smart Contracts: Quellcode als Vertragstext, Bd. 24/2016, S. 138.

Kummer, F., und D. Pfäffli. 2017. #LegalTech – Bestandsaufnahme und Herausforderung für die juristische Aus- und Weiterbildung. *ZSR* 136(2017): 121–134.

Podmogilnij V., und D.Timmermann. 2019. Wie die Digitalisierung das Recht und den Rechtsdienstleistungsmarkt verändert. https://anwaltsblatt.anwaltverein.de/files/anwaltsblatt.de/anwaltsblatt-online/2019-436.pdf. Zugegriffen am 03.02.2020.

Trendall, S. 2017. Dutch government to trial blockchain-based digital law. https://www.publictechnology.net/articles/news/dutch-government-trial-blockchain-based-digital-law. Zugegriffen am 03.09.2018.

Veith, C. 2016. *How legal technology will change the business of law*, 5. München/Hamburg: Boston Consuliting Group.

Vogel, R. 2019. Legal tribune online 2016. https://www.lto.de/recht/job-karriere/j/legal-tech-veraenderung-rechtsmarkt-branche-codex-technologie/. Zugegriffen am 03.09.2018.

Wagner J. 2018. *Legal tech und legal robots*. Wiesbaden: Springer.

2
Konzepte, Ideen, Begriffe

> **Was Sie aus diesem Kapitel mitnehmen**
>
> - Grundlagen zur Strategiefindung im Bereich Legal Tech.
> - Eine Erläuterung der gängigsten Begriffe.
> - Einen Einblick in die Funktionsweise der wichtigsten technischen Neuerungen.

2.1 Allgemeines

In Zeiten der stetigen und immer schneller voranschreitenden Digitalisierung findet man sich zunehmend in Gesprächen, in denen Worte wie Smart Contract und Big Data Analyse im Zusammenhang mit Rechtsfällen verwendet werden. Folglich ist es verständlich geneigt zu sein, im Hinblick auf die Veränderung der Rechtsbranche, die eigene Unternehmensstrategie kritisch zu beäugen und zu hinterfragen, ob alteingesessene Methoden direkt in den Ruin führen. Wir können Sie beruhigen, so drastisch ist es nicht. Zudem wird unser Quick Guide Ihnen dabei helfen eine Strategie sui generis für Ihr Unternehmen zu finden.

Es ist unser Anliegen Legal Tech für alle verständlich zu machen. In diesem Kapitel werden die zentralsten Begriffe der Legal Tech-Welt genauer unter die Lupe genommen, sodass der Wesensgehalt, die Idee und der potenzielle Anwendungsbereich greifbar werden. Dabei geben wir Ihnen keine starren Definitionen, sondern verknüpfen die theoretischen Ansätze mit dem Praktischen. Das Hauptaugenmerk liegt auf Artificial Intelligence, Big Data, Blockchain, Smart Contracts, Machine Learning, NLP, Chatbots und E-Discovery/TAR Systemen. Und keine Sorge, wir werden Sie nicht mit technischen Details und Hieroglyphen überschütten.

2.2 Artificial Intelligence

Entgegen des gängigen Glaubens wurde der Begriff Artificial Intelligence (AI) bereits 1956 das erste Mal verwendet. John McCarthy hauchte dem Begriff nicht nur Leben ein, sondern gilt als Pionier auf dem Gebiet. Idee war es eine Maschine zu erschaffen, welche es vermag wie ein Mensch zu argumentieren, abstrakt zu denken, Probleme zu lösen und sich selbst weiter zu entwickeln: „For the present purpose the artificial intelligence problem is taken to be that of making a machine behave in ways that would be called intelligent if a human were so behaving." (McCarthy et al. 1955)

Anknüpfend an diese ersten Schritte, findet sich bis heute eine ähnliche Beschreibung.[1] Das Oxford Dictionary gibt folgende Formulierung wieder: „The theory and development of computer systems able to perform tasks normally requiring human intelligence, such as visual perception, speech recognition, decision-making, and translation between languages." (Oxford Dictionary 2019)

Eine andere Beschreibung lautet: „[…] artificial intelligence (AI), the ability of a digital computer or computer-controlled robot to perform tasks commonly associated with intelligent beings." (Goodwin 2018)

---

[1] Was in Zusammenhang steht mit dem Umstand, dass auch Intelligenz nicht eindeutig definiert ist. Vgl. (Faggella 2018).

Auch in einer Stanford Analyse kommen diese Elemente zum Tragen, wenn auf die beiden Formen von AI, nämlich starke und schwache künstliche Intelligenz, verwiesen wird. „Strong AI is associated with the claim that an appropriately programmed computer could be a mind and could think at least as well as humans do". (Nilsson 2010)

Andere wiederum beschreiben AI als „[…] the deepest and most grandiose fantasy that motivates work on artificial intelligence … is nothing less than to build a machine on the model of man, a robot that is to have its childhood, to learn language as a child does, to gain its knowledge of the world by sensing the world through its own organs, and ultimately to contemplate the whole domain of human thought." (Weizenbaum 1976)

Eine theoretische, aber dennoch anwenderorientierte Definition kommt von TechEmerge: „Artificial intelligence is an entity (or collective set of cooperative entities), able to receive inputs from the environment, interpret and learn from such inputs, and exhibit related and flexible behaviors and actions that help the entity achieve a particular goal or objective over a period of time."[2]

Es ist leicht sich in Definitionsversuchen zu verlieren, zusammengefasst kann aber folgendes festgehalten werden: Was allen Beschreibungen inhärent ist, ist, dass AI die Vision der Erschaffung von Tools beschreibt, die (intelligent) menschenähnlich agieren. Eine Vielzahl an Forschungsgebieten hat sich der Thematik angenommen, ausgehend von Mathematik und Robotik über die Neurowissenschaften bis hin zur Philosophie.

Mitunter überraschend ist, dass die künstliche Intelligenz längst unseren Alltag infiltriert hat und nicht bloß Zukunftsmusik darstellt: Übersetzungstools sind eine Form künstlicher Intelligenz, sowie auch Texterkennung und -generierung. Computerspiele, die mit Algorithmen arbeiten, Virtual Reality oder auch selbstfahrende Kraftfahrzeuge. Wissensbasierte Systeme, wie Siri, Google Now, Amazon Echo oder jeder Chatbot, mit dem Sie in Berührung kommen, stellt eine Form künstlicher Intelligenz dar. Ferner kommen Technologien in Betracht wie Bilderkennung, facial recognition etc.

---

[2] Siehe Fn. 13.

2.3 Big Data

Ein weiterer Begriff, der uns immer wieder begegnet ist Big Data. Der Begriff als solcher beschreibt die Thematik bereits sehr gut. Es handelt sich dabei um den Umgang mit großen Datenmengen – unabhängig davon, ob diese nun strukturiert, unstrukturiert, teils strukturiert, komplex, zusammenhängend, lose oder schnelllebig sind. Unser Wissen nimmt stetig zu und ein damit einhergehendes exponentielles Wachstum an Wissensquellen ist zu verzeichnen. In diesem Zusammenhang wird auch von den „3 V's" gesprochen: extreme volume of data, the wide variety of data types und velocity.

Der Umgang mit diesen Unmengen an Daten stellt nicht nur eine technische Herausforderung dar. Strategisch stellt sich die Frage, wie man solche Datenmengen einsetzen kann, um beispielsweise die Arbeitseffizienz zu steigern und Ressourcen schonend einsetzen zu arbeiten. Man denke an Ideen zur Datenklassifizierung, Strukturierung, Schnittstellen, Ergebnisse etc. Oder in anderen Worten: wie finde ich was? Wo finde ich das genau? Wie suche ich am effektivsten? Welche Tools sind für meine Suche am besten geeignet? Wurde alles von der Suche erfasst? In diesem Kontext ist Big Data Analytics von großer Bedeutung, weil es Strukturen erkennt und diese nutzt. (From data gathering to competitive strategy: The evolution of big data 2019) Es kann festgehalten werden, dass der Begriff Big Data zunehmend nicht nur Datenmengen als solche umfasst, sondern, eine Tendenz zu verzeichnen ist, welche zusätzlich Technologien (Tools), die für das Sammeln, Auswerten, Koordinieren etc. geeignet sind, mit einbezieht.

Durch das Sammeln und Auswerten von Big Data (Kreditkartenbewegungen, Social Media Verhalten, Konsumverhalten etc.), welche mittels technologischer Unterstützung strukturiert werden und in weiterer Folge eine Datenanalyse bieten, kann beispielsweise Konsumverhalten prognostiziert sowie gesteuert werden. Ein weiteres, und wohl auch eines der bekanntesten Beispiele von Big Data, ist „Predictive Policing". Bei Predicitve Policing werden große Mengen an Daten gesammelt und ausgewertet. Darunter fallen Konsumverhalten, Markt, Trends, Businessengagement etc. Diese sollen es den Behörden ermöglichen Gewaltherde frühzeitig zu erkennen und einzugreifen. Ein weiterer Bereich von Big Data stellt das Sammeln und Auswerten rechtlicher Daten dar. So kann beispielsweise Rückschluss über Richter*innen, Parteien, Jurisprudenz gezogen und eine Zukunftsprognose angefertigt werden. Mithilfe der Legal Analytics können Analysen von großen Datenmengen in klassischen Bereichen wie Immaterialgüterrecht, Kartell-, und Wertpapierrecht effizient gestaltet werden. (Lex machina 2018) Zudem können große Datenmengen dazu eingesetzt werden, nicht nur bestehendes Recht zu analysieren, sondern sogar eine Vorhersage über künftige legislative Entscheidungsrichtungen zu machen. (GovPredcit 2019)

2.4 Blockchain

Der Kopf oder die Köpfe hinter der Blockchain-Technologie fungieren unter dem Pseudonym Satoshi Nakamoto. Längst ist der Begriff nicht nur mehr Trendwortconoisseuren bekannt und doch umraunen ihn eine Vielzahl an Fragen. Am bekanntesten wurde die Blockchain-Idee durch die als Goldgrube der Zukunft angepriesene BitCoin: „open-source; its design is public, nobody owns or controls Bitcoin and everyone can take part." (Bitcoin technology 2018)

Ausgangspunkt für die Blockchain Idee war es eine neue Form der Governance zu etablieren, die sich durch Dezentralisierung, Fälschungssicherheit, Transparenz und Vertrauen auszeichnet. Aus technischer Perspektive werden diese Parameter folgendermaßen garantiert: Eine Blockchain besteht aus einer Vielzahl aneinandergereihter Blöcke, die jeweils mit einem Hashwert (ein einzigartiger Schlüssel, der wie ein virtueller Fingerabdruck fungiert) verschlüsselt sind. Der Hashwert ist folglich eine kryptographische Verschlüsselung, die die Sicherheit gewährleistet. Die einzelnen Blöcke werden durch Mining (das Lösen eines mathematischen Rätsels) produziert. Liegt der notwendige Konsensus unter den aktiven Teilnehmer*innen vor, werden alle Transaktionen, die sich bis dahin in einem Block befunden haben, sodann an die bestehende Kette angefügt. Die Dezentralisierung wird dadurch gewährleistet, dass das gesamte

Netzwerk die Transaktionen einsehen kann, überprüft und dann erst genehmigt. Die dadurch entstehende Datenmenge wird auf jedem einzelnen Computer des Netzwerks fälschungssicher gespeichert. In Rosic (2018) anderen Worten heißt das, dass eine nachträgliche Änderung nicht mehr möglich ist. Denn eine Änderung würde die Integrität des Gesamtsystems beschädigen. So kann digitales Wissen durch Distributed Ledger Technologie (DLT) transparent verbreitet werden, ohne, dass eine Manipulation möglich ist. (Stevens 2018) Ein weiteres essenzielles Merkmal ist, dass keine Mittelspersonen eingesetzt werden, sondern alle Teilnehmer*innen einer Blockchain gemeinsam und egalitär die Transaktionen überwachen und verwirklichen, (Kaltofen und Dose 2019) somit eine öffentliche P2P (peer-to-peer)-Technologie im dezentralisierten Netzwerk bilden.

Dies ist sicherlich eine stark vereinfachte Darstellung der Blockchain. Es geht uns an dieser Stelle primär darum zu verdeutlichen, wie die Ursprungsideologie mit der Hilfe von Technik realisiert wird. Bereits erfolgreich etablierte Blockchain-Systeme wurden im Bereich der Grundbuchverwaltung eingesetzt. Schweden will beispielsweise Landverkauf mittels Blockchain abwickeln und konnte die ersten Phasen dazu bereits erfolgreich abschließen. (Kim 2018) Zudem haben Unternehmen, wie Microsoft, JP Morgan, Intel und Accenture interne, auf der frei zugänglichen Open-source basierenden Ethereum Blockchain, eigene und geschlossene Systeme entwickelt. (Dörner und Wiebe 2019) Außerdem hat JP Morgan Patent angemeldet für ein Blockchain-System, das den Geldtransfer zwischen Banken vereinfachen soll. (Marinova 2018)

Allerdings gibt es auch private Blockchains, bei denen ein Mittelsmann eingesetzt wird, der*die jede Transaktion abwickelt. Dies hat zur Folge, dass eine höhere Effizienz gewährleistet ist und dadurch eine schnellere Bearbeitung möglich gemacht wird. Allerdings leidet die Sicherheit und Transparenz ein wenig. Solche Netzwerke sind vor allem im unternehmerischen Bereich interessant, denn die Blockchain umfasst lediglich das Netzwerk und die Rechner der beteiligten Organisationen. Werden Schuldschein-Darlehen vereinbart, sind diese mittels Blockchain abgewickelt. Dabei haben alle Beteiligten eines Darlehens unmittelbaren

Zugriff auf die Informationen. Zudem werden die Transaktionen in weiterer Folge automatisch mittels Smart Contracts ausgeführt.

2.5 Smart Contracts

Im Zusammenhang mit Blockchain-Technologie kommt auch der Begriff Smart Contract auf.

Der Begriff „Smart Contract" wurde bereits in den 90er-Jahren von Nick Szabo verwendet und mit folgendem Beispiel einfach beschrieben:

> […] the primitive ancestor of smart contracts, is the humble vending machine. Within a limited amount of potential loss (the amount in the till should be less than the cost of breaching the mechanism), the machine takes in coins, and via a simple mechanism, which makes a freshman computer science problem in design with finite automata, dispense change and product according to the displayed price. The vending machine is a contract with bearer: anybody with coins can participate in an exchange with the vendor. The lockbox and other security mechanisms protect the stored coins and contents from attackers, sufficiently to allow profitable deployment of vending machines in a wide variety of areas. (Szabo 1997)

Smart Contracts basieren auf der Blockchain-Technologie, die es ermöglicht, dass der Inhalt von Verträgen automatisch und eigenständig, ohne menschliches Zutun, ausgeführt wird. Ein Smart Contract erlaubt das völlig automatisierte Inkrafttreten von Vertragsklauseln, Vertragsteilen, oder ganzer Verträge. Bedingung dafür ist, dass es sich um eine „If-Then-Struktur" handelt, was bedeutet, dass etwas realisiert wird, sofern eine Bedingung eingetroffen ist. Die Besonderheit der Smart Contracts ist das Funktionieren g ohne die Einschaltung irgendwelcher Dritter. Wo es im Moment noch eines Notars bedarf, kann ein Vertragsabschluss in der Zukunft ohne das Zuschalten einer solchen Instanz auskommen. Die Rechtssicherheit kann dadurch gewährt bleiben, dass die Transparenz in der Blockchain gegeben ist.

> **Beispiel**
>
> Wenn ein konkreter Zeitraum abgelaufen ist, dann soll eine bestimmte Summe von A an B überwiesen werden. Konkrete Anwendungsbereiche von Smart Contracts sind Lizenzvergabesysteme, das Gesundheitswesen sowie Zahlungsabwicklungen, sprich Bereiche, bei denen sich ein Vertragsinhalt gut in eine maschinenlesbare Sprache (0 und 1) umwandeln lässt.

Bei der Lizenzvergabe ist es beispielsweise vorstellbar, dass an Stelle von aufwendigem Suchen und Filtern säumiger Kunden, an der notwendigen Schnittstelle ein Smart Contract eingefügt wird, der automatisch bei Zahlungsverzug die Lizenz zurückhält. Die Überwachung und Einhaltung eines Vertrages sind dadurch vollautomatisiert und ohne menschliches Zutun steuerbar. Eine etwaige Effizienzsteigerung ist aber nicht nur hinsichtlich der Automatisierung und Transparenz gegeben, sondern kann auch darin gesehen werden, dass Smart Contract Systeme auch dann funktionieren, wenn Menschen im Arbeitsprozess ausfallen. eDer Smart Contract erfüllt seine Aufgabe auch wenn die Belegschaft des Lizenzmanagements mit einer Grippewelle zu kämpfen hat und Personal rar ist. Ein anderer Anwendungsbereich, der als Smart Contract auf Blockchain basiert, bietet Blocksign an. Dieser Service ermöglicht das Eingehen, Ausgestalten etc. rechtlich bindender Vereinbarungen auf einer Blockchain abzuwickeln. (Donnelly 2014) Ferner ist auch IBM ins Treffen zu führen. Dort wurde Cicero (eine open-source Software) (Cicero 2019) verwendet, um Smart Contract Clauses auszuführen. Dabei wird eine Klausel an ein bestehendes Daten-Modell angehängt, analysiert und der Text validiert. So kann eine Klausel ausgeführt werden. (IBM 2018)

2.6 Machine Learning

Als Teilbereich von künstlicher Intelligenz ist Machine Learning eine spannende und fordernde Materie für Forscher*innen. Der Begriff Machine Learning beschreibt den Erwerb von Wissen durch ein künstliches System. Ein Computer generiert selbstständig Wissen analog zum menschlichen Lernprozess. Dieses Wissen erlangt ein Computer durch

Erfahrung und diese Erfahrung wiederum macht es der Maschine möglich neue Lösungen für bestehende, aufkommende oder weit in der Zukunft liegende Probleme zu finden. Dahinter verbergen sich viele Algorithmen, anhand derer sich der Computer Muster, Regeln und Gesetzmäßigkeiten aneignet. Aufgrund dieser Erkenntnisse vermag er es in weiterer Folge zu lernen und sich zu optimieren. Daten werden sozusagen in intelligenter Weise verarbeitet und logisch aneinander geknüpft. Oder in anderen Worten: Machine Learning beschäftigt sich mit der automatisierten Entwicklung von Algorithmen basierend auf empirischen Daten, die es ermöglichen sollen, verbesserte Prognosen zu liefern oder Lösungen für noch unbekannte Probleme zu finden. (Machine Learning 2019)

Besonders im Feld der Datenkategorisierung hat Machine Learning ein hohes Entfaltungspotential. Eine Flut an Daten, die lediglich semantisch geordnet wird, hat wohl wenig nutzen, dafür ist die Datenmasse zu groß. Jedoch ist es ein Vorteil, wenn ein selbstständig lernender Algorithmus es vermag die Datenmengen zu analysieren und dementsprechend in erwartungskonforme Ergebnisse umzuwandeln und zu kategorisieren.

2.7 Natural Language Processing

Natural Language Processing (NLP) ist eine Form künstlicher Intelligenz, welche Computern helfen soll menschliche Sprache zu verstehen, zu interpretieren und nachzuahmen. NLP hat den Zweck die menschliche Sprache mit all ihren Feinheiten zu verstehen. Da die menschliche Sprache aufgrund verschiedener Dialekte, Sprachverwendungen, Aussprachen, Kontexte etc. von hoher Komplexität ist ergeben sich sowohl für Mensch als auch Maschine oftmals Verständnisprobleme. Natural Language Processing heißt, dass eine Maschine nicht nur einen Text oder Gesprochenes versteht, sondern auch in der Lage ist, Intention, Gefühl und Zweck zu verstehen und dementsprechend zu reagieren. Zudem soll eine Maschine in der Lage sein, Wichtiges von Unwichtigem zu differenzieren und Textteile, Phrasen und die Bedeutung von zusammenhängenden Textabschnitten richtig zu verstehen. NLP ist insbesondere bei der

Anwendung von Chatbots, Sprachassistenz oder auch bei der Entwicklung anderer künstlicher Systeme von Relevanz.

2.8 Chatbots

Die Technologie hinter den Chatbots ist unter den bereits erläuterten Technologien die wahrscheinlich am weitesten verbreitete. Die Wahrscheinlichkeit, dass Sie bereits Bekanntschaft mit dem einen oder anderen Chatbot gemacht haben, vielleicht sogar unbemerkt, ist sehr hoch. Chatbots können beschrieben werden, als ein technologiebasiertes Dialogsystem, das nach bestimmten Regeln oder mit Hilfe künstlicher Intelligenz mit Menschen interagiert, sei es durch Texteingabe oder auch Sprache. Ziel ist es die Kommunikation völlig automatisiert, ohne menschliches Eingreifen, zu gestalten und das ganze 24/7. Das online Dialogsystem ermöglicht es in Echtzeit Anfragen zu bearbeiten und mittels Sprachausgabe oder sonstigen zusätzlichen Aktionen darauf zu antworten. Oftmals arbeiten Chatbots noch rein textbasiert, doch die stetige Weiterentwicklung von Spracherkennung und Sprachsynthese führt dazu, dass eine Verfeinerung des Dialogs möglich ist. Oftmals werden Chatbots eingesetzt, um den Kundenkontakt zu optimieren und diesen ressourcenschonend zu gestalten. Dabei ist besonders an die Bots auf Social Media Plattformen zu denken.

Und wie funktioniert ein Chatbot? Die einkommenden Anfragen werden mittels Wissensdatenbanken und vorhandenen Mustern bearbeitet. Eine Anfrage wird in ihre Einzelteile zerlegt und nach bestimmten Regeln untersucht. Beim Versuch des Bots, die eigentliche Frage zu verstehen, macht er sich wieder Erkennungsmuster und Algorithmen zu Nutze. Wenn der Bot die Frage verstanden hat, begibt er sich auf eine Reise durch die vorhandene Datenbank und sucht nach einer passenden, schlauen Antwort.

Die essentiellsten Aufgaben eines Bots liegen in der Analyse eines Textes, dem Extrahieren der Frage und der Suche nach passenden Lösungen. Einfache Chatbots arbeiten mit sogenannten Keywords, während Bots, die mit mit künstlicher Intelligenz ausgestattet sind, bereits eine raffiniertere Problemlösung bieten, besonders durch Machine Learning. Kontinuierliches Training und Analysieren des Feedbacks machen es dem Chatbot möglich sich selbst weiter zu entwickeln. Ziel ist es, dass ein Chatbot selbstständig Kontext, Sprache, Emotion, Zweck etc. der menschlichen Eingabe versteht und adäquat darauf reagieren kann. (Techopedia 2019)

Einsatzmöglichkeiten gibt es viele, denn sobald ein Chatbot mit künstlicher Intelligenz versehen ist, ist es möglich diesen überall, wo Interaktion mit Menschen stattfindet, einzusetzen. Denkbare Beispiele sind Support-Seiten, Online-Dienste, Online-Shopping, Instant-Messaging, oder sonstige Kundencenter. Bekannt sind Chatbots wohl vor allem durch Facebook, Twitter oder auch Instagram.

2.9 E-Discovery und TAR Systeme

Als E-Discovery werden alle Prozesse bezeichnet, welche Daten lokalisieren, sichern, untersuchen, sichten, sodass diese vorwiegend in straf- sowie zivilrechtlichen Verfahren Anwendung finden können. E-Discovery bedient sich an den unterschiedlichsten Such-, und Filterprogrammen. Im Rahmen von E-Discovery können die verschiedensten Formen und Arten von Daten verarbeitet werden und als Beweis gelten: Texte, Datenbanken, Animationen, Webpages, Bilder sowie auch Programme selbst. Eine solche E-Discovery kann nicht nur auf einem einzelnen Computer durchgeführt werden, sondern auch auf einem ganzen Computersystem oder einem ganzen Netzwerk. Ziel einer E-Discovery ist es, für einen ganz bestimmten Anlass eines Prozesses die relevanten Daten zu sichten, beweisfähig zu sichern, nach Relevanz zu sortieren, mitunter gar zu rekonstruieren, zu analysieren und zu guter Letzt, der Untersuchungsinstanz zu übergeben. (Ernst&Young 2012)

Ein ähnliches Konzept folgen sogenannte Technology Assisted Review Systems (TAR Systeme). Diese Programme bzw. Softwares vermögen es auf Grundlage der Eingaben des Reviewers Dokumente elektronisch zu klassifizieren. (EDRM 2019) Dabei sollen besonders repetitive Prozesse maschinell erledigt werden. Dies wirkt sich nicht nur bei einer Effizienzsteigerung, sondern auch auf Stringenz, Genauigkeit und Fehlerreduzierung aus.

> **Ihr Transfer in die Praxis**
>
> Die Welt der Technik entwickelt sich fortlaufend und rasant. Die gegenwärtig meist verwendeten Begriffe in der Anwendung von Legal Tech (Tools) sind Artificial Intelligence, Big Data, Blockchain, Smart Contracts, Machine Learning, Natural Language Processing (NLP), Chatbots und E-Discovery/TAR Systeme.

Literatur

Bitcoin technology. 2018. https://bitcoin.org/en/. Zugegriffen am 15.02.2019.

Donnelly, J.C. 2014. And they lived happily ever after on the bitcoin block chain. https://insidebitcoins.com/news/and-they-lived-happily-ever-after-on-the-bitcoin-block-chain/25234. Zugegriffen am 15.02.2019.

Dörner, und Wiebe. 2019. Die drei großen Blockchain-Allianzen. https://www.handelsblatt.com/finanzen/maerkte/devisen-rohstoffe/neue-datenbanken-jp-morgan-bringt-teile-einer-eigenen-blockchain-ein/20052356-2.html. Zugegriffen am 15.02.2019.

EDRM. 2019. Duke Law, TAR. https://www.edrm.net/frameworks-and-standards/technology-assisted-review/. Zugegriffen am 26.01.2019.

Ernst&Young. 2012. *Enabling Compliance. Welche Rolle spielt Technologie?* Stuttgart: Ernst&Young.

exactag. 2018. Was ist Machine Learning und wie funktioniert es? https://www.exactag.com/was-ist-machine-learning-und-wie-funktioniert-es/. Zugegriffen am 25.02.2019.

Faggella. 2018. What is artificial intelligence? An informed definition. https://www.techemergence.com/what-is-artificial-intelligence-an-informed-definition/. Zugegriffen am 14.06.2018.

Github, Inc. 2019. https://github.com/accordproject/cicero. Zugegriffen am 15.02.2019.

Goodwin. 2018. Digital darwinism: Survival of the fittest in the age of business disruption. In *Encyclopedia Britannica*, 182. UK/US: Kogan Page Ltd.

GovPredcit. 2019. http://telegraph.joinlincoln.org/congressional-tech/govpredict/. Zugegriffen am 14.02.2019.

IBM. 2018. https://www.ibm.com/blogs/blockchain/2018/06/smart-legal-contracts-how-the-law-benefits-with-blockchain-2/. Zugegriffen am 25.02.2019.

Kaltofen, T., und J. Dose. 2019. Die Grundlagen von Blockchain. https://www.computerwoche.de/a/die-grundlagen-von-blockchain,3330054. Zugegriffen am 25.02.2019.

Kim, C. 2018. Sweden's land registry demos live transaction on a blockchain. https://www.coindesk.com/sweden-demos-live-land-registry-transaction-on-a-blockchain/. Zugegriffen am 21.01.2019.

Lex machina. 2018. https://lexmachina.com/. Zugegriffen am 21.01.2019.

Marinova, P. 2018. J.P. Morgan files patent for blockchain-powered payments. Von http://fortune.com/2018/05/04/jpmorgan-blockchain-patent/. Zugegriffen am 15.02.2019.

McCarthy, J., M.L. Minsky, N. Rochester, und C.E. Shannon. 1955. A proposal for the dartmouth summer research project on artificial intelligence. http://www-formal.stanford.edu/jmc/history/dartmouth/dartmouth.html. Zugegriffen am 15.02.2019.

Nilsson, N. J. 2010. *The quest for artificial intelligence. A history of ideas and achievements*. New York/Cambridge: Cambridge University Press.

Oxford Dictionary. 2019. Von https://en.oxforddictionaries.com/definition/artificial_intelligence. Zugegriffen am 15.02.2019.

Rosic, A. 2018. What is blockchain technology? https://blockgeeks.com/guides/what-is-blockchain-technology/. Zugegriffen am 25.02.2019.

Stevens, A. 2018. Distributed ledger consensus explained. https://hackernoon.com/distributed-ledger-consensus-explained-b0968d1ba087. Zugegriffen am 15.02.2019.

Szabo, N. 1997. Formalizing and securing relationships on public networks. https://nakamotoinstitute.org/formalizing-securing-relationships/. Zugegriffen am 15.02.2019.

Techopedia. 2019. Chatbots. https://www.techopedia.com/definition/16366/chatterbot. Zugegriffen am 26.01.2019.

TechTarget. 2019. From data gathering to competitive strategy: The evolution of big data. https://searchcio.techtarget.com/essentialguide/From-data-gathering-to-competitive-strategy-The-evolution-of-big-data. Zugegriffen am 15.02.2019

Wagner, J. 2018. *Legal Tech und Legal Robots*, 1. Wiesbaden: Springer Fachmedien.

Weizenbaum, J. 1976. *Computer power and human reason: From judgement to calculation*, 394. New York/San Francisco: Freeman.

3

Der Weg zur Digitalisierung

> **Was Sie aus diesem Kapitel mitnehmen**
> - Grundlegendes Verständnis für die Digitalisierung der Rechtsbranche.
> - Die zentralen Fragen zur Planung Ihres individuellen Digitalisierungsprozesses.
> - Konkrete Modelle und Fragen zur Erarbeitung der Grundlage für die Entwicklung Ihrer digitalen Strategie.

3.1 Digitalisieren heißt Veränderungen annehmen

Wie der bisherige Einblick in die Legal Tech Welt verdeutlicht, verbirgt sich unglaublich viel Potenzial in der Digitalisierung der Rechtsbranche. Von einem bloßen Hype kann nicht mehr die Rede sein, auch wenn einzelne Technologien, Strategien oder Tools noch nicht zur Gänze ausgereift sind. Die Rechtsbranche wird mit Sicherheit weiterhin durch Bedürfnisse der Mandant*innen, im Besonderen ‚More for Less', sowie durch die ständig wachsende Zahl an Legal Tech Unternehmen angetrieben werden. Technologie sorgt nicht nur bei der gewohnten kanzleiinternen Arbeitsstruktur, im B2C Bereich, sondern auch im B2B Bereich für einen Zustand der Disruption und einer damit einhergehenden Neuorientierung. Dabei werden immer mehr und gewichtigere Funktionen von Technik begleitet oder gänzlich übernommen.

Die Kreativität und das Know-how von Legal Tech Unternehmen gepaart mit Mandant*innen, die nicht mehr bereit sind der Anwaltschaft ohne Wenn und Aber zu folgen, und eine neue Generation von Jurist*innen mit anderen Erwartungshaltungen an den Beruf, bringen Kanzleien/Rechtsabteilungen in die Position, handeln zu müssen. Anwaltliche Leistungen sind oftmals traditionell ausgerichtet und vermögen es nicht, dem*der Mandant*in zu bieten was diese*r sich erwartet. Mit anderen Worten: Leistungen müssen adäquater, transparenter, schneller und vor allem kostengünstiger sein.

Die Anforderungen an die anwaltliche Leistung haben sich also deutlich sichtbar verändert. Ein Umdenken wird dadurch unumgänglich, um weiterhin wertvolle und wertgeschätzte Arbeit leisten zu können. Wer sich dem verweigert und darauf beharrt, ausschließlich traditionelle Rechtsleistung bzw. Rechtsleistung in der traditionellen Art und Weise zu erbringen sowie auf alteingesessenen Strukturen beruhende Leistungen zu bieten, wird letztendlich in einem langsamen und konservativen Modell zurückbleiben. Diese veralteten Modelle werden dem digitalen Lebensstil und Konsumverhalten der Zukunft nicht mehr gerecht werden können.

Die Frage ist: Wie soll man die Unmengen an Daten, Techniken, Tools, Wissen und Neuigkeiten einsetzen, um einen echten Mehrwert im eigenen Unternehmen zu generieren? (Gunnarsson, Blockchain, Smart Contracts and AI in the Legal Market 2018) Gartner führte dazu folgendes aus: „Digitalization is the use of digital technologies to change a business model and provide new revenue and value-producing opportunities; it is the process of moving to a digital business." (Gartner. IT Glossary 2018)

Leichter gesagt als getan: Was heißt Digitalisierung nun in der Praxis und wie digitalisiert man in einem Unternehmen richtig? Die Antwort fällt kurz aus, denn den einen richtigen Weg zur Digitalisierung der Rechtsbranche gibt es nicht! Zuallererst bedarf es vielmehr eines umfassenden Blickes auf die Gesamtstruktur des Unternehmens bzw. der Abteilung. Dabei sind alle noch so kleinen Aspekte und Prozesse unter die Lupe zu nehmen, um sich dann mit einer klar definierten Digitalisierungsstrategie ans Werk zu machen. Der Kreativität sind dabei keine Grenzen gesetzt: Die Digitalisierungsstrategie kann sämtliche Farben und Formen haben. Das Entscheidende ist das Erreichen des individuell gesetzten Ziels, wie Sie im nächsten Kapitel erfahren werden. Ihre Strategie darf bzw. soll sogar maßgeschneidert sein, um den notwendigen Mehrgehalt auch wirklich realisieren zu können.

3.2 Die richtigen Fragen zum Start Ihrer Digitalisierungsreise

Nachdem wir einführende Aspekte der Digitalisierung gesichtet haben, widmen wir uns dem Kern der Digitalisierung einer Rechtsabteilung bzw. Kanzlei. Dabei sollen im Folgenden die Grundlagen bereitgestellt und eine Sensibilität für die Arbeitsmethodik geschaffen werden, um in einem weiteren Schritt eine individuelle Strategie entwickeln zu können.

Zum Start ist es ein gut bewährtes Vorgehen, sich folgende Aspekte vor Augen zu führen: Wohin soll es gehen, und was ist die persönliche Entwicklungsstrategie? Wie bereits ausgeführt ist ein Digitalisierungsprozess als ein individuelles und mehrdimensionales Langzeitprojekt zu verstehen. Es ist nicht sonderlich ratsam, einfach zu beginnen und dabei unnötig Ressourcen, Geld und Nerven – nicht nur die eigenen – in Mitleidenschaft zu ziehen, zumal durch die Digitalisierung gerade der gegenteilige Effekt intendiert wird. In der bekannten Digital Business Global Executive Studie in der MIT Sloan Management Review und Deloitte University Press aus dem Jahre 2015 wurde dies mit folgender Aussage auf den Punkt gebracht: „What separates digital leaders from the rest is a clear digital strategy combined with a culture and leadership poised to drive the transformation." (Kane et al. 2015)

Eine gute Möglichkeit sich an die Digitalisierung des eigenen Unternehmens oder der Abteilung heran zu wagen, ist, sich simple Fragen zu stellen. Zur Erinnerung: Die eine einzige Super-Strategie, nach der Sie sich richten müssen, gibt es nicht. Sehen Sie Digitalisierung als individuelles Projekt. Schritt für Schritt nähern Sie sich einem guten – nämlich IHREM – Ergebnis. Man könnte auch sagen: viele Wege führen nach Rom.

Wir haben uns überlegt, was Ihnen auf Ihrer Digitalisierungsreise das hilfreichste Tool sein könnte und wollen Ihnen die unangenehmen Fragen, die es braucht, um disruptiv zu agieren und erfolgreich zu arbeiten, mit auf den Weg geben. Wie heißt es so treffend: No pain, no gain.

Das Ganze gestaltet sich wie folgt: Die folgenden Fragen kristallisierten sich als die unangenehmsten und zugleich besten heraus. In den nachfolgenden Unterkapiteln gehen wir jeweils auf eine der Fragen bzw. Themen ein und unterstützen Sie mit Denkanstößen und weiterführenden Fragen.

In der konkreten Umsetzung hat es sich als ratsam erwiesen, Gruppen zusammenzustellen, von denen sich jede mit einem dieser Themen beschäftigt. Die Ergebnisse dazu werden von der jeweiligen Gruppe präsentiert und in der Gesamtgruppe diskutiert.

> **Zentrale Fragen zur Planung Ihres Digitalisierungsprozesses**
> 1. Warum wollen Sie (mehr/weiter) digitalisieren?
> 2. Wie tickt Ihr Unternehmen?
> 3. In welchen Bereichen findet Digitalisierung in Ihrem Haus bereits statt, wo stehen Sie und Ihr Team?
> 4. Was kann digitalisiert werden?

3.2.1 Warum digitalisieren?

Warum-Fragen sind trotz ihrer simplen Form für den Antwortenden sehr fordernd und zugleich gewinnbringend, wenn es darum geht, den Grund für bestimmtes Handeln zu klären.

Warum man digitalisieren will, ist nicht so einfach beantwortet. Es gibt mitunter eine Hemmschwelle sich dieser Frage zu stellen, denn sie braucht Zeit, Ehrlichkeit, Offenheit und Wissen. Zeit, weil sie nicht binnen einer Stunde mal eben schnell beantwortet ist, sondern einiges an Reflexion bedarf. Ehrlichkeit und Offenheit, weil man festlegen muss, was mit einer Digitalisierung bezweckt werden soll und kann, oder vielleicht eben auch nicht. Und Wissen, weil nur mit vorhandenem Wissen über das Unternehmen, die Branche und Technologie das Warum ausreichend beantwortet werden kann.

Unsere Erfahrung hat gezeigt, dass ein ehrliches, detailliertes WARUM essenziell für den Erfolg und Mehrwert einer Digitalisierungsstrategie ist. Die am häufigsten genannten Gründe für die Erstellung einer Digitalisierungsstrategie sind:

- Effizienz: „Wir müssen die Effizienz erhöhen, um konkurrenzfähig zu bleiben."
- Konkurrenz: „Die Konkurrenz zieht uns davon."
- Neue Geschäftsfelder und -modelle: „Es entstehen neue Geschäftsfelder und -modelle, für die wir nicht gerüstet sind."

Effizienz
Wenn Sie sich Ihre bestehenden Produkte und Prozesse genauer ansehen, sind Sie gut darin beraten sich folgende Überlegung vor Augen zu führen: Wäre eine Effizienzsteigerung durch die Implementierung von Legal Tech Tools möglich? Vielfach ist ersichtlich, dass eine Digitalisierungsstrategie es ermöglicht, die bestehende Produktpalette gewinnbringender zu gestalten. Eine Effizienzsteigerung soll aber nicht nur durch eine effizientere Produktpalette erfolgen, sondern auch dadurch, dass die unternehmensinternen Prozesse effektiver gestaltet werden. Somit ist die Prozess-, und Kostenoptimierung essenzieller Beweggrund für eine Unternehmensdigitalisierung. (Tal und Meder 2017)

Der Einsatz von diversen Tools oder die Schaffung eines Legal Operation Managements kann es beispielsweise ermöglichen, die internen Kommunikationsabläufe schneller und transparenter zu gestalten.

> **Fragen, die Sie sich stellen können**
> - Wie kommunizieren Sie im Unternehmen?
> - Wer hat Zugang zu welchen Informationen?
> - Haben auch wirklich alle stetig einen Durchblick bzw. den notwendigen Überblick?
> - Wird das Wissen auch effizient verwaltet und verarbeitet?
> - Kommunizieren Sie über mehrere Ecken und am Ende sieht niemand weiter als eine Ecke oder zwei?
> - Wie viel Zeit investieren Sie in die internen Prozesse?
> - Geht es schneller und unkomplizierter?

Ein konkreter Anknüpfungspunkt in diesem Zusammenhang kann eine digitale Aktenführung und Bearbeitung sein. Immer noch legen Papierakten die verschiedensten Wege zurück, bis sie schlussendlich an der richtigen Stelle ankommen. Auch wenn es auf den ersten Blick nicht unbedingt als eine neue Errungenschaft erscheinen mag, trägt die professionelle digitale Aktenbearbeitung erheblich zu einer Effizienzsteigerung bei. (So holen Sie das Beste aus Ihrem Workflow Rackwitz 2018) Die Akten sind für alle zugänglich, stets abrufbar und zu bearbeiten, aktualisiert, transparent, einfach teilbar und konvertierbar. Vergessen Sie die Tage an denen die Frage: „Weißt du wo Akt xy ist?" den Alltag beherrschten und genießen Sie ein schnelles, effizientes Office, das zudem auch von überall, jederzeit einsehbar ist. Ihr Office ist, wo Sie sind oder Sie es haben wollen.

Ein weiteres Element der Effizienzsteigerung kann dahingehend definiert werden, dass durch das Anwenden von Legal Tech Tools die Vereinfachung und Strukturierung der Arbeitsabläufe erfolgen soll. Dabei steht für manche auch eine personelle Umstrukturierung als Beweggrund im Raum. Es soll mehr technikaffines Personal in das Unternehmen integriert werden oder auch Teilprozesse ausgelagert bzw. von Automation überlagert werden.

Nicht zu vergessen ist die Digitalisierung des Kundenkontakts, wobei Effizienzsteigerung in diesem Bereich mitunter nicht unmittelbar im Vordergrund steht. Dennoch trägt optimierter Kundenkontakt zu einer effizienteren Tätigkeit bei, da sich nicht nur die Kundenzufriedenheit erheblich verbessern, sondern es auch Ihrem Zeit- und Ressourcenmanagement zum Vorteil gereichen wird. Sehen Sie in andere Branchen und seien Sie ehrlich: wo werden die meisten Produkte erworben bzw. was wird von Menschen bevorzugt? Sie kommen wahrscheinlich zum Ergebnis: Produkte im Netz. Der*Die Konsument*in empfindet es als angenehm, stets den Überblick über die Käufe zu haben und frei verfügen zu können. Warum nicht auch in der Juristen*innenwelt? (Bues 2018)

Konkurrenz
Eine weitere Motivation, das eigene Haus bzw. die eigenen Abteilungen in die Digitalisierung zu führen, liegt im bestehenden und stetig wachsenden Konkurrenzkampf in der Rechtsbranche. Man ist nicht einfach

mehr der*die Beste im Business, nur weil man juristische Expertise auf höchstem Niveau anbieten kann. Im Gegenteil, der Markt ist hart umkämpft und es gibt eine Vielzahl an erstklassig ausgebildeten Juristen, die sich um das Klientel bemühen. Dieses bestimmt wiederum den Markt zu einem großen Teil, denn Mandanten*innen sind, wie eingangs erwähnt, nicht mehr bereit blind zu folgen. Sie führen Preisvergleiche durch, sehen sich die Anwalts-Rankings an und holen vorab juristische Expertise aus dem Netz ein, wo vieles an juristischem Wissen bereits frei bzw. kostengünstig zugänglich ist.

Es gibt übrigens nicht nur einen harten Konkurrenzkampf unter Juristen*innen. Zunehmend werden Arbeiten, die von Kanzleien angeboten werden, auch von Legal Tech Unternehmen auf Online-Portalen übernommen. Beispielsweise besteht die Möglichkeit, sich Rat wegen Strafzetteln, verspäteter Flüge und Verwaltungsverfügungen einfach, schnell und günstig bei Online-Diensten zu holen. Es seien an dieser Stelle die bekanntesten angeführt: FlightRight, (FlightRight 2019) DoNotPay, (DoNotPay 2019) Winlt, (Winit 2019) TurboAppeal, (TurboAppea 2019) Unfallfuchs, (Unfallfuchs 2019) etc. (TurboAppeal 2019)

Wer rechtzeitig kompetent agiert, gerät nicht in die unangenehme Situation, nur noch reagieren zu können.

> **Fragen, die Sie sich stellen können**
> - Wie will man sich im Wettbewerb von den anderen unterscheiden?
> - Was bewegt die Klienten*innen dazu, Ihre Dienstleistung in Anspruch zu nehmen?
> - Wie sieht die ökonomische Umgebung aus?
> - Wie ist der Markt? Wie sieht Ihr Markt künftig – in 10, 15, 20 und mehr Jahren – aus?
> - Was ist Ihre Zielgruppe?
> - Wie können Sie Technologie einsetzen, um konkurrenzfähig zu bleiben

Neue Geschäftsfelder und -modelle

Bisher haben wir uns mit zwei Themenbereichen beschäftigt, die Raum zur Verbesserung des Status quo durch Digitalisierung bieten. Als nächstes können Sie sich den Fragen zu zukunftsorientiertem Arbeiten und weiterführender Modernisierung widmen: Welche neuen Märkte könnte das Unternehmen erschließen? Wie bereits oben angeführt sind die Mandanten˙innen ausschlaggebend für den Erfolg Ihrer Produkte, denn wenn sich niemand dafür interessiert, dann werden sie wohl keinen Gewinn abwerfen. In anderen Worten könnte man sagen, dass die Kundenzufriedenheit und der digitale Lebensstil unumgänglich sind für Ihre Digitalisierungsstrategie. Es stellen sich Fragen wie: Welche Rechtsbereiche sind noch nicht erschlossen? Was könnte in der Zukunft von Relevanz sein? Beispielsweise wurde Rechtsberatung in Copyright-Angelegenheiten erst richtig relevant als eine Disruption der Film-, Medien,- und Musikindustrie erfolgte. Schallplatten und CDs wurden abgelöst und Online Files wurden zum neuen Standard. Dadurch entwickelte sich auch ein neuer Rechtsmarkt: illegale Downloads. Dies sollte man im Hinterkopf behalten.

Neue Märkte können sich auch dadurch auszeichnen, dass bestehende Produkte in neue Geschäftsmodelle gegossen werden – wie wir oben im Zusammenhang mit Fragen um den Konkurrenzkampf bereits andiskutiert haben. So können beispielsweise moderne Vergütungsmodelle wie Flatrates oder Abonnements etabliert werden. Außerdem können Fragen- und Datenbanken zur Rechtsberatung und nicht nur als Wissensbank genutzt werden. An dieser Stelle sind auch sog. Lizenzsysteme anzuführen. Diese zeichnen sich dadurch aus, dass keine unvorhersehbaren Mehrkosten für die Mandanten˙innen entstehen und diese selbstständig wählen können, welches „Legal-Package" Sie brauchen. Dies bedeutet eine schnell zu adaptierende, transparente und äußerst individualisierte Rechtsdienstleistung erbringen zu können, die Ihnen zudem Aufwand erspart.

Einen weiteren neuen Markt kann man in Plattformen und Marktplätzen erblicken. Verträge werden online verhandelt, Scheidungen finden im Netz statt, das Erbe wird am Computer verteilt. Alles mit wenigen Klicks und trotzdem von höchster Qualität.

Sie sind noch unsicher und die Thematik Legal Tech ist weiterhin ein Fragezeichen? Nehmen Sie sich Zeit und machen Sie sich einfach auf den Weg. Auch wenn Ihr Unternehmen gut funktioniert, sollten Sie das Potenzial von Legal Tech zur Optimierung nicht verkennen und außer Acht lassen. Schauen Sie sich um, schauen Sie in die eigenen vier Wände und fragen Sie sich ganz ehrlich: Warum und wie könnte mein Unternehmen besser funktionieren? Was könnte in meinem Unternehmen besser funktionieren? Und keine Sorge, noch kein*e Meister*in ist einfach so vom Himmel gefallen, Übung macht den*die Meister*in, davon ist auch die Legal Tech-Welt nicht ausgenommen.

3.2.2 Wie tickt Ihr Unternehmen?

Um sich zu überlegen, was Sie digitalisieren können, sollen, möchten oder müssen sollten Sie Ihr Unternehmen bis in den letzten Winkel kennen. Der Fokus liegt auf einer fundierten Analyse der Arbeitsabläufe und Strukturen in Ihrem Unternehmen. In anderen Worten: Wer ist Ihr Unternehmen? Wie funktioniert Ihr Haus? Wie gestalten sich die einzelnen Arbeitsabläufe? Wer ist darin involviert?

An dieser Stelle wollen wir das Rad allerdings nicht neu erfinden, sondern stützen unsere Überlegungen auf bereits bekannte Konzepte. Wichtig dabei ist, dass der Workflow, auch wenn es banal und künstlich aufgebläht erscheinen mag, auch bis auf die kleinste Handlung durchleuchtet wird. Nur so ist es möglich zu erkennen, wo ein Digitalisierungspotenzial bzw. die Notwendigkeit zur Digitalisierung gegeben ist. Dabei geht es weniger um eine detailgenaue Analyse der einzelnen Schritte, sondern vielmehr um eine Betrachtung aus der Vogelperspektive. Der Arbeitsablauf soll nicht nur in seine einzelnen Schritte zerlegt, sondern auch als großes Ganzes betrachtet werden.

Die Workflow-Analyse lässt sich beispielsweise in folgende Schritte aufteilen:

- Eingang und Erstkontakt (Datenaufnahme, Aktenanlegung, Erstkorrespondenz etc.)
- Sichtung des Sachverhalts, Materialbeschaffung und Erstbegutachtung
- Rechtliche Beurteilung und Subsumtion
- (Rechtliche) Maßnahmen (juristische Produkte)
- Kommunikation und Distribution des juristischen Produkts
- Eventuell: Weiterentwicklung der juristischen Maßnahmen, Aktualisierung, Beobachtung etc.
- Abschluss des Mandats (Halbleib 2018)

Die hier angeführten Schritte sind auf eine Vielzahl juristischer Arbeitsbereiche anwendbar. Natürlich ist dabei zu bedenken, dass es mitunter Workflows gibt, die sich anders gestalten. An dieser Stelle kommen Sie ins Spiel: Nehmen Sie die oben genannten Punkte als ersten Anhaltspunkt und hangeln Sie sich durch Ihren Workflow. Gehen Sie Schritt für Schritt durch die Behandlung eines Mandats. Schreiben oder zeichnen Sie dies auf, sodass Sie auch wirklich kein Detail vergessen und sich sicher sein können, dass Sie den Prozess kennen und verstehen. Denn nur, wenn Sie einen Workflow verstehen, macht es Sinn über Digitalisierung nachzudenken.

3.2.3 Wo stehen Sie und Ihr Team?

Ein weiterer Aspekt, der meist einer Sensibilisierung bedarf betrifft das Team. Eine der zentralsten Fragen am Beginn eines jeden (Digitalisierungs-)Prozesses ist die Frage nach der Grundhaltung zu einem bestimmten Thema. Was für eine Stimmung herrscht und wie wird Legal Tech überhaupt wahrgenommen? Beinahe jede Neuerung bringt Skepsis mit sich, Unwissenheit, Desinteresse oder gar Angst. Und genau da gilt es anzusetzen. Schauen Sie sich um und nehmen Sie Ihre Umgebung genau wahr. Fragen Sie nach bei den Mitarbeitern˙innen, beim Management, bei Kunden˙innen oder auch bei Businesspartnern. Lassen Sie Konversation zu und stellen Sie Fragen:

> **Fragen, die Sie Ihrem Team stellen können**
> - Wie seht Ihr das?
> - Was sind aus der Perspektive des Teams die Pros und Contras?
> - Könnt Ihr euch eine Weiterentwicklung vorstellen?
> - Was ist gewünscht?
> - Was haltet Ihr von Technologie in der Rechtsbranche?
> - Könnt Ihr euch andere Zukunftsmodelle als das Gegebene vorstellen?

Diese allgemein formulierten Fragen sollen Ihnen helfen, ein erstes Gefühl und ein Bewusstsein für die Haltung gegenüber Technologie und

Digitalisierung in Ihrer Umgebung zu entwickeln. Denn gibt es kein Bewusstsein für Digitalisierung bzw. Technologisierung und auch keine Aufgeschlossenheit dieser gegenüber, muss Ihre Legal Tech Strategie erst dort ansetzen.

Manchmal müssen das Management, Klienten*innen, Kollegen*innen, Mitarbeiter*innen etc. erst überzeugt werden, bevor man mit der Umsetzung von konkreten Digitalisierungsprozessen beginnen kann. Das beste Projekt und dessen Realisierung können in einem Desaster enden, bzw. wird der gewünschte Mehrwert lange auf sich warten lassen, wenn die zentralen Player des Unternehmens noch nicht dort angekommen sind, wo Sie mit Ihrem Mindset sind. Es hilft Ihnen nicht, voreilig geniale Digitalisierungsprojekte im großen Stil umzusetzen, bevor nicht klar ist, was die allgemeine Resonanz oder was notwendig und gewünscht ist. Nehmen Sie sich die Zeit und machen Sie sich zuerst ein Bild davon.

Haben Sie bereits eruiert, wie es um den allgemeinen Veränderungstenor steht, dann können Sie von da aus weitergehen. Sie können konkretere Fragen stellen, Partner und Team an Bord holen, vielleicht sogar schon kleinere Teile Ihrer Digitalisierungsstrategie an Mandanten*innen testen, erste Ideen konkretisieren etc. Sie werden feststellen, dass Ihnen anfangs oftmals noch ein eisiger Wind entgegenweht, dieser aber mit dem nötigen Fingerspitzengefühl und einem ordentlichen Maß an Durchhaltevermögen schneller als gedacht an Kraft verliert. Im Gegenteil sogar, der Wind wird sich drehen und zu Ihren Gunsten wehen, manchmal gar schneller als Sie glauben. Darum: Gestalten Sie eine fundierte, gut überlegte Digitalisierungsstrategie und bleiben Sie mit einer positiven Grundhaltung zur Veränderung am Ball. Seien Sie mutig – jedoch nicht übermutig –, stellen Sie Ihre Visionen in den Vordergrund und bieten Sie dem Gegenwind die notwendige Parole.

Juristen*innen tendieren dazu ein klein wenig mehr Motivation zur Veränderung zu benötigen, denn sie gelten bekanntlich als die Skeptiker unter den Skeptikern. Da braucht es einiges an Überzeugungskraft bzw. Durchsetzungswillen, denn nicht hinterfragte Skepsis hält Innovation, Disruption und Digitalisierung auf. Sprechen Sie die Vorteile sowie die Nachteile konkret an und scheuen Sie sich auch hier nicht die unangenehmen, kritischen Fragen anderer zuzulassen und solche auch selbst zu stellen. (Biene und Schuricht 2018) Unsere Erfahrung hat unter anderem gezeigt, dass es in großen Entitäten sinnvoll sein kann, sich kleineren Digitalisierungsprojekten zu widmen, diese zielstrebig zu verfolgen und umzusetzen, um eine sich negativ auswirkende Skepsis zu umgehen. In anderen Worten: Wenn der Wind nicht zu Ihren Gunsten weht und die politischen Entscheidungsprozesse im Unternehmen zu langwierig und träge sind, dann starten Sie das Projekt mit kleinen Schritten, die Vision stets klar vor Augen habend.

3.2.4 Was kann digitalisiert werden?

Nachdem Sie ein klares Bild und ein Verständnis für Gründe zur Digitalisierung, Ihr Unternehmen und Team sowie Ihre Workflows entwickelt haben, ist es hilfreich sich ganz konkret zu überlegen, was Sie brauchen, was die Mandanten˚innen brauchen und was technisch überhaupt möglich ist (auch ökonomisch betrachtet). Setzen Sie sich mit den Experten im Haus zusammen und fragen Sie danach. Fragen Sie, was digitalisiert werden kann. Und, behalten Sie im Hinterkopf, dass vielleicht noch Skepsis mitschwingt. Daher seien Sie kritisch, aber nehmen Sie das juristische Knowhow der Experten mit in Ihre Überlegungen auf. Denn schließlich sind es diese, die tagein tagaus in diesem Bereich arbeiten und wissen, was zu beachten ist, wo Fallen lauern oder wo etwas überflüssig ist.

Fragen, die Sie sich stellen können
- Welches sind die gewinnbringenden Produkte?
- Bei welchem Produkt ist, aus einer ökonomischen Perspektive, Digitalisierung sinnvoll?
- Bei welchen Schritten klemmt es ein wenig oder wird es holprig?
- Wie kann der Prozess aussehen, sodass eine Automatisierung möglich ist?
- Wie kann diese Automatisierung stattfinden?
- Wie sieht das Produkt aus und wie kann es verändert werden?
- Vorausgesetzt: Kann das Produkt überhaupt digitalisiert werden?

> **Ihr Transfer in die Praxis**
>
> Was nehmen Sie mit in die Praxis?
>
> - Eine digitale Strategie hilft Ihnen, basierend auf fundierter Recherche, bei der Ergreifung der Chancen, die Ihnen die Digitalisierung bietet. Sie verbindet zudem die Bedürfnisse der Menschen (interner und externer Klienten*innen sowie Ihrer Mitarbeiter*innen), Ihre Ziele und die technischen (digitalen) Möglichkeiten.
> - Die beruhigende Erkenntnis, dass es den einen richtigen Weg zur Digitalisierung in der Rechtsbranche nicht gibt.

Literatur

Biene, D., und U. Schuricht. 2018. Die fünf Schlüssel zum Transformationserfolg für Kanzleien – Teil 1. https://legal-tech-blog.de/die-fuenf-schluessel-zum-transformationserfolg-fuer-kanzleien-teil-1. Zugegriffen am 30.09.2018.

Bues, M. 2018. Auswirkungen und Erfolgsfaktoren der Digitalisierung von Kanzleien. In *Legal Tech: Die Digitalisierung des Rechtsmarkts*, Hrsg. M. Hartung, M. Bues und G. Halbleib, 19–21 ff. München: C.H. Beck.

Crunchbase. 2019. TurboAppeal. https://www.crunchbase.com/organization/turboappeal. Zugegriffen am 10.03.2019.

DoNotPay. 2019. https://www.donotpay.com/parking/. Zugegriffen am 10.03.2019.

FlightRight. 2019. https://www.flightright.co.uk/. Zugegriffen am 10.03.2019.

Gartner. IT Glossary. 2018. https://www.gartner.com/it-glossary/digitalization/. Zugegriffen am 05.09.2018.

Gunnarsson, J. 2018. Blockchain, smart contracts and AI in the legal market. https://legalaiblog.com/2018/09/20/blockchain-smart-contracts-and-ai-in-the-legal-market/. Zugegriffen am 04.09.2018.

Halbleib, G. 2018. Der Weg zur Legal Tech-Strategie. In *Legal Tech: Die Digitalisierung des Rechtsmarkts*, Hrsg. M. Hartung, M. Bues und G. Halbleib, 31–38. München: C.H. Beck.

Kane, et al. 2015. *In strategy, not technology, drives digital transformation*, 5. US: MIT Sloan Management Review and Deloitte University Press.

Rackwitz, F. 2018. So holen Sie das Beste aus Ihrem Workflow. https://www.legal-tech.de/so-holen-sie-das-beste-aus-ihrem-workflow/. Zugegriffen am 10.03.2019.

Tal, M., und M. Meder. 2017. 5 Thesen zu Legal Tech in deutschen Rechtsabteilungen. https://legal-tech-blog.de/5-thesen-zu-legal-tech-in-deutschen-rechtsabteilungen. Zugegriffen am 10.10.2019.
UnfallFuchs. http://www.unfallfuchs.com. Zugegriffen am 10.03.2019.
Winit. 2019. https://www.appwinit.com. Zugegriffen am 10.03.2019.

4

Die eigene Strategie entwickeln

Was Sie aus diesem Kapitel mitnehmen
- Was unter einer digitalen Strategie zu verstehen ist.
- Warum eine digitale Strategie notwendig ist.
- Methodik und Anleitung zur Erarbeitung Ihrer individuellen digitalen Strategie.
- Ein Verständnis für die Rolle des*der (Chief) Digital Officers.
- Was unter einem digitalen Arbeitsplatz zu verstehen und bei dessen Einführung zu beachten ist.

4.1 Was ist eine digitale Strategie?

Eine **digitale Strategie** ist ein strategischer Plan einer Kanzlei/Rechtsabteilung, bei dem die (zukünftige) Anwendung digitaler Technologien im Vordergrund steht.

Die in Kap. 3 erörterte Grundlage und den erarbeiteten individuellen Rahmen setzen wir nun in die Praxis um. Aus unserer Erfahrung ist Legal Tech kein IT-Thema, es ist ein Strategiethema. (Sophie Martinetz,

Future-Law, Wien) Oft werden wir gefragt, welches Tool eine Kanzlei oder Rechtsabteilung kaufen soll, um digital zu arbeiten oder den Anschluss in der technologisierten Welt nicht zu verpassen. Die Antwort darauf ist stets dieselbe: welches Problem soll das Tool lösen?

In den meisten Fällen entsteht bereits an dieser Stelle Unklarheit und Verwirrung. Eine klare Antwort vermögen die Wenigsten darauf zu geben. Tools gibt es wie Sand am Meer. Obwohl Anwendungen, die bei Rechtsanwaltskollegen*in im Einsatz sind oder bei einer ersten Recherche gefunden werden, meist sehr verführerisch wirken, gilt es hier achtsam zu sein, denn: „A Tool is a fool". Das beste Tool wird nicht den gewünschten Erfolg erzielen können, wenn es vorab keinem bestimmten Nutzen gewidmet ist oder kein konkretes Problem zur Lösung anvisiert wird.

> **Die Unternehmensstrategie als Ausgangspunkt für Ihre digitale Strategie**
> - Die klassische Unternehmensstrategie beschäftigt sich mit Fragen, wie man am besten zum gesteckten Ziel oder der Erfüllung einer Vision gelangt.
> - Diese klassische Unternehmensstrategie sollten Sie als Ankerpunkt für Ihre digitale Strategie verwenden.
> - Sie können definieren, was Ihre Ziele sind und wie Sie diese mit Hilfe von digitalen Technologien erreichen können.

Eine digitale Strategie ist keineswegs ein Thema der IT-Abteilung. Sie ist Teil der größeren, allgemeinen Unternehmensstrategie. Ihr Ziel ist es, den Unternehmenserfolg durch den Einsatz digitaler Technologien zu erhöhen und neue Lösungsmöglichkeiten (z. B. Geschäftsmöglichkeiten, Klientenservices) zu entwickeln. Sie bildet somit einen Maßnahmenplan zur Umsetzung der digitalen Transformation. Neben der Vision umfasst sie auch eine klare Vorstellung, welche Rolle man in der Zukunft spielen möchte sowie konkrete Maßnahmen und Projekte der digitalen Transformation. Die digitale Strategie dient auch dazu, Mitarbeiter*innen für digitale Innovation zu gewinnen (wenn nicht zu begeistern) und sie zu aktiven Involvierten im Digitalisierungsprozess zu machen.

Im Folgenden werden weitere grundlegende Begriffsdefinitionen rund um dieses Thema dargestellt, um ein vollumfassendes Verständnis zu ermöglichen.

> **Was ist digitale Transformation?**
> Sobald die technischen Komponenten bestehender Geschäftsmodelle oder Geschäftsprozesse überdacht und geändert werden, wird von digitaler Transformation gesprochen.

Eine digitale Transformation beinhaltet aber nicht nur die technische Komponente, sondern umfasst den gesamten Veränderungsprozess in einer Kanzlei oder Rechtsabteilung. Die digitale Transformation einer Kanzlei oder Rechtsabteilung ist mitunter eine Herausforderung, da sie oft auch grundlegende Veränderungen in der Organisationskultur und vor allem der eigenen Haltung verlangt. Daher sollten bei der Erstellung einer digitalen Strategie im Besonderen die eigenen Mitarbeiter*innen mitberücksichtigt werden.

Schlechte Strategie als Input bedeutet einen schlechten Digitalisierungsprozess als Output.

Analoge Prozesse und Abläufe werden im Zuge der Umsetzung einer digitalen Strategie in digitale Prozesse und Abläufe überführt. Dabei sollten sie jedoch nicht eins zu eins übernommen werden. Durch die Umstellung auf digitale Technologien wird es nämlich möglich, Prozesse durch Mechanismen der Kollaboration oder durch den Einsatz regelbasierter Systeme oder künstlicher Intelligenz neu zu denken. Insofern gibt es demnach eine indirekte Verpflichtung zum Überdenken eines jeden zu digitalisierenden Prozesses – und so die Möglichkeit, ihn zu optimieren. Nutzen Sie diese Chance, um Abläufe auch wirklich zu verbessern.

Ressourcen der Digitalisierung
Die Erarbeitung einer (digitalen) Strategie erfordert also die Zuteilung oder Erschaffung interner Ressourcen sowie eine konsequente Umsetzung. In Verbindung mit der Anschaffung von Tools ist dies meist mit größeren Initialanschaffungskosten verbunden. Es braucht also ein Budget und ein dafür bestimmtes Team für die Digitalisierung.

Auch in anderen Branchen, wie z. B. in der Telekombranche, werden Mitarbeiter˚innen verstärkt im Digitalbereich angesiedelt. Eine Studie (Digital Telco Leaders Excel in Customer Experience and Efficiency 2018) der Berater˚innen von Oliver Wyman innerhalb der Telekommunikationsindustrie hat gezeigt, dass bei digitalen Vorreitern in der Telekombranche zehnmal mehr Mitarbeiter˚innen im Digitalbereich arbeiten, beispielsweise im Digital-Marketing, der Datenanalyse oder im digitalen Kundenservice. Solche „Digital Leader" würden Themen wie Data Science als notwendige Kernkompetenz sehen und entsprechendes Know-how intern aufbauen: So erhalten die Mitarbeiter˚innen für den Ausbau ihrer digitalen Fähigkeiten viermal so viele Trainingsstunden wie in nicht-digitalen Unternehmen.

Das oben genannte Beispiel ist zwar ein aus einer anderen Branche stammendes Szenario, dennoch kann es eine Anregung für Ihre individuellen Überlegungen sein – wie viele Ressourcen wollen Sie in die Digitalisierung Ihrer eigenen Kanzlei oder Rechtsabteilung investieren?

4.2 Warum eine digitale Strategie?

Haben Sie Bedenken, von den Chancen des digitalen Wandels nicht zu profitieren?

Die Bedürfnisse von echten Menschen steuern die Schritte zur Digitalisierung und damit auch die digitale Strategie selbst. Heute verändern sich Zielgruppen rapide. Die oben zitierte Studie (Digital Telco Leaders Excel in Customer Experience and Efficiency 2018) ergab beispielsweise, dass Kundenservice durch digitale Kanäle von den Kund˚innen zunehmend als selbstverständlich erachtet wird. Schon aus dem privaten Gebrauch werden digitale Kanäle zur alltäglichen Erwartung, sozusagen zum Hygiene-Faktor, und stellen in der Telekombranche daher kein Unterscheidungsmerkmal mehr dar. Über digitale Kanäle in ständigem Kontakt mit den Zielgruppen zu sein, ist zu einer Selbstverständlichkeit geworden.

Als Telekomkunde˚in sind Sie diese digitalen Kanäle privat gewohnt und nehmen sie als selbstverständlich wahr. Für Ihre eigene Organisation bedeutet dies, dass Lösungen nicht auf Produkten und (Legal Tech) Tools per se liegt. Der Fokus liegt vielmehr darauf herauszufinden, was Ihre internen und externen Klient*innen wollen und brauchen. Für diese Bedürfnisse erstellen Sie dann die passenden Produkte und Angebote.

Motivation: Kennen Sie Ihre USP?
Eines der wichtigsten Ziele traditioneller Wirtschaftstheorien ist die Unique Selling Proposition (USP), ein einzigartiges Unterscheidungsmerkmal eines*r Anbieters*in im Vergleich zu anderen. Im digitalen Umfeld wird die USP aber zunehmend schwieriger zu bewahren. Denn bei digitalen Produkten, die alle auf ähnlichen Technologien beruhen und Prototypen in Hard- und Software in kurzer Zeit erstellt werden können, bleibt ein technologischer Vorteil meist nur kurze Zeit bestehen.

Der erste rechtliche Chatbot ist etwas Besonderes, nachfolgende Chatbots schon bald selbstverständlich. Daher gilt: nur laufende Innovation ist ein Schlüssel zum Erfolg. Als eine mehr als 2000 Jahre alte Branche kann man die Behauptung aufstellen, dass Juristen*innen stets innovativ waren. Das mag nun mit einer negativen Konnotation verbunden sein, sollte allerdings als Motivation verstanden werden, warum eine digitale Transformation in dieser Branche ein gutes Investment Ihrer Zeit ist.

Der oben beschriebene Wandel unserer Zeit bedeutet aber nicht, dass es keine Möglichkeit der Differenzierung mehr gibt. Die Unterscheidungsmerkmale liegen nur an einer anderen Stelle, einer neuen und vielfältigeren Schnittmenge. Die Möglichkeiten verbergen sich nicht mehr ausschließlich auf Seite einer Organisation, sondern sind dort zu verorten, wo die Ziele der Kanzlei oder Rechtsabteilung, die technologischen Möglichkeiten und die Bedürfnisse der Menschen zusammenlaufen. Dort liegt das „Erlebnis", oft in Form von User Experience oder Customer Experience. Das heißt nicht, dass die Qualität Ihrer juristischen Arbeit nicht mehr wichtig ist. Es geht zukünftig allerdings auch darum, wie dieser Inhalt Ihren internen oder externen Klienten geliefert wird – in welchem Format, Zeitrahmen und über welches Kommunikationstool. Braucht Ihr*e Mandant*in wirklich ein zehnseitiges Gutachten als eingescanntes PDF mit Ihrer eingescannten Originalunterschrift oder ist das einfach „nur" für Sie wichtig?

Was ist User Experience (UX)?
Die sogenannte User Experience (UX) umschreibt sämtliche Aspekte des Erlebnisses eines (internen und externen) Nutzers (Users) während der Interaktion mit einer Kanzlei oder Rechtsabteilung. In den meisten Fällen wird das vor allem mit dem Einsatz digitaler Werkzeugen in Zusammenhang gebracht, was jedoch nur einen Teilaspekt des Gesamtvorganges darstellt. Ergänzend dazu geht es auch um die Erfahrung, die wir im Privaten schon längst gewohnt sind. Wenn Sie aus der User Experience heraus denken, d. h. sich in den*die Kunden*in hineinversetzen, dann haben Sie konsequenterweise stets eine Vorstellung der Bedürfnisse und Ziele. User Experience kann gemessen und auch evaluiert werden. Allerdings ist die Wertung komplex und daher nicht simpel abzufragen.

User Experience hat Erinnerungswert und schafft langfristige Effekte. Sobald Technologie involviert ist, spielt der „Lock In Effekt" eine Rolle. Diesen gilt es sich zunutze zu machen, denn Ihr Ziel sollte sein, dass viele Nutzer Ihre Produkte verwenden, um wiederum ihre eigenen Ziele zu erreichen. So trägt es auch umso mehr zur Erfüllung Ihrer Kanzlei- bzw. Rechtsabteilungsziele bei, und Sie erhalten außerdem mehr Nutzungsdaten zur Verbesserung Ihrer Technologie und der angebotenen User Experience. Also eine Win-win-Situation.

Erlebnisse selbst können wir allerdings nicht verpflichtend und vorhersehbar produzieren, sondern lediglich die Bedingungen für diese positiv beeinflussen. Das bedeutet, dass Sie digitale Produkte und Services Ihrer Kanzlei oder Rechtsabteilung immer wieder mit Usern testen, deren Experience evaluieren und anschließend Anpassungen vornehmen sollten. Auf diese Weise erzielen Sie auch langfristig die bestmöglichen Effekte und sichern sich die daraus entstehenden Vorteile nachhaltig – intern sowie extern.

4.3 Vorüberlegungen zu Ihrer digitalen Strategie

Digitale Strategien konzentrieren sich im Idealfall auf den Schnittpunkt zwischen Organisationen, Menschen und Technologie.

4 Die eigene Strategie entwickeln

Die Grundlage der Überlegungen für eine digitale Strategie ist im Idealfall die Sichtweise der Klient*innen. Daher ist es sinnvoll, wenn Sie sich fragen, welche Bedürfnisse der Klient*innen Sie mit einer digital unterstützten Herangehensweise besser bedienen können. Auch die Verbesserung interner Prozesse durch digitale Tools können unter diesem Blickwinkel betrachtet werden, denn jede interne Verbesserung (wie z. B. schnellere, kosteneffiziente, sicherere Bearbeitung von Fällen) hat immer auch positive Auswirkung auf die Klient*innen.

Erst in einem zweiten Schritt stellt sich dann die Frage, ob es auch technologisch möglich bzw. wirtschaftlich sinnvoll ist, die angedachten Verbesserungen für die Klient*innen durchzuführen. Denn nicht alles was wünschenswert ist, ist auch möglich.

Wichtig ist es jedenfalls, bei der Einordnung warum eine digitale Strategie geschaffen werden soll, nicht unverzüglich an Technologien zu denken und diese auszuwählen, weil sie im Trend sind. Der Kernpunkt ist vielmehr, eine richtige Technologie, vielleicht auch Low Tech auszuwählen, um Ihr konkretes Ziel zu erreichen. Daher ist die Schnittstelle Mensch/Organisation/Technologie unter Gleichberechtigung aller Punkte wichtig und sollte bei der Erarbeitung einer digitalen Strategie im Hinterkopf behalten werden.

Die obigen Überlegungen und die daraus gewonnenen Erkenntnisse sind nicht statisch, sondern verändern sich stetig. Daher sind heute auch sogenannte „agile" Methoden populär, sodass die Methodik auf diese laufende Veränderung eingeht (dazu detailliert in Kap. 7). Die digitale Strategie sollte immer wieder evaluiert und verfeinert werden. Allerdings kennen wir die Zukunft nicht. Daher ist eine Geltungsdauer von mehr als 24 Monaten für Ihre digitale Strategie wahrscheinlich nicht zielführend.

Fragen, die sich in den folgenden Überlegungen erschließen, stellen keine digitale Strategie dar: Wie wird unsere neue Website ausschauen? Wer und wie programmieren wir unsere neue Rechts-App? Bringe ich unsere tolle App durch einen Newsletter oder Google Advertising an unsere Klient*innen? Welches Vertragserstellungswerkzeug soll konkret ausgewählt werden? Diese Fragen haben – zu diesem Zeitpunkt – keinen direkten Berührungspunkt mit Ihrer digitalen Strategie, denn es handelt sich um interessante Umsetzungs- und eventuell taktische Fragen. Eine digitale Strategie wiederum bildet Visionen und Ziele ab – also das WAS, nicht die Taktik und Ausführung.

Die Ausführung sind die Mittel und Aktivitäten, um diese Ziele zu erreichen. Die Strategie ermächtigt Sie und Ihre Mitarbeiter˙innen, in dem festgelegten Rahmen frei zu handeln und sich jeden Tag für passende zielorientierte Handlungen zu entscheiden. Daher sollte die digitale Strategie einfach und klar formuliert sein. Der Erfolg Ihrer Arbeit wird anhand von festzulegenden Kriterien gemessen. Diese sollten in der Strategie definiert sein.

4.4 Eine Anleitung zu Ihrer digitalen Strategie

Nachdem Sie eine Dringlichkeit für Ihr Unternehmen erkannt haben und sich aktiv mit Ihrer Strategie beschäftigen wollen, machen wir Sie in den folgenden Abschnitten mit einer passenden Vorgehensweise bekannt. Wir führen Sie mit kurzen Übungen durch das 1 × 1 der Strategieerstellung, um Ihnen ein Gefühl für die erforderliche Arbeit in den einzelnen Schritten zu vermitteln.

Wir unterteilen weiterführend die Erarbeitung einer digitalen Strategie für Rechtsabteilungen und Anwaltskanzleien. Die Vorgehensweise ist in beiden Fällen ähnlich und gliedert sich in folgende Schritte, die sich jedoch im Detail methodisch etwas unterscheiden:

1. Überblick und Analyse der Aktivitäten
2. Analyse der Erwartungen der (internen bzw. externen) Klient˙innen
3. Abgleich von den Schritten 1 und 2 mit den Kanzlei-/Unternehmenszielen
4. Warum gibt es Ihre Kanzlei/Rechtsabteilung?
5. Formulierung der digitalen Strategie
6. Operationalisierung der digitalen Strategie – Digitale Roadmap

4.4.1 Strategie für Rechtsabteilungen

Für die ausführlichere Erstellung einer fundierten digitalen Strategie ist es essenziell, die Schritte mit Ihrem Team gemeinsam zu bearbeiten. Nehmen Sie sich ein Blatt Papier oder Ihr Tablet, um die in diesem Kapitel erklärten Übungen umgehend mitmachen zu können.

An dieser Stelle ist nochmals zu betonen, dass es sich hier um eine schnelle Übung handelt, um einen Eindruck zu vermitteln, was eine digitale Strategie ist. Gerade die Ausformulierung der Strategie sollte in mehreren Schleifen und im Team erarbeitet werden, sodass möglichst alle verschiedenen Aspekte berücksichtigt, diskutiert und auch sprachlich treffend festgehalten werden können.

Gutes Gelingen!

Schritt 1: Überblick und Analyse der Aktivitäten

Im ersten Schritt geht es darum, sich einen Überblick über die derzeitige Situation zu verschaffen, wobei Sie sich für den Anfang an der Matrix in Abb. 4.1 orientieren können. Was ist zu tun? Nehmen Sie sich 15 Minuten Reflexionszeit.

Die Y-Achse der Matrix bildet den Grad der Komplexität einer Aufgabe in Ihrer Rechtsabteilung ab. Es wird hier absichtlich von „Aufgabe" und nicht von „juristischer Aufgabe" gesprochen. Die Erfahrung lehrt nämlich, dass Rechtsabteilungen oft auch Aufgaben erledigen, die nicht juristischer Natur sind. Eine derartige Bewertung können ausschließlich

Abb. 4.1 Legal Type Work Analysis

Sie vornehmen. Die X-Achse bildet die Häufigkeit der Aufgabe ab. Wie oft erledigen Sie/erledigt Ihre Abteilung diese Aufgabe?

Im ersten Schritt erfassen Sie Ihre großen Hauptaufgaben und Kernprojekte. Es ergibt auch Sinn, einzelne Hauptaufgaben/Projekte wiede-

> **Beispiel**
> Sie arbeiten in der Rechtsabteilung eines Telekommunikationsunternehmens und kaufen einen anderen, kleineren Player am Markt. Diese Arbeit würden wir generell so einordnen: Es ist eine Aufgabe, die komplex ist und nicht so oft vorkommt. In der obigen Matrix ist sie somit im Quadranten oben links anzusiedeln.

rum in kleinere Aufgabenbereiche zu teilen und in die Quadranten der Matrix einzuordnen. Denn auch innerhalb eines Projektes wird es wieder Arbeitsschritte für alle vier Quadranten geben.

Entscheiden Sie, bis zu welchem Granularitätsgrad Sie Ihre Aufgaben gliedern wollen: auf Praxisgruppe, Teamebene oder die einzelnen Mitarbeiter*innen.

Nachdem wir uns nun 15 Minuten dem Thema gewidmet haben, ist es für Sie wichtig, Folgendes auf Ihrem Papier zu analysieren:

> **Beispiel**
> Das Verfassen von Standard NDAs: in vielen Rechtsabteilungen erfolgt dies relativ häufig und die juristische Komplexität ist relativ gering. Es handelt sich also um eine Aufgabe, die in der Matrix unten rechts anzusiedeln ist.

- Was steht wo in Ihrer Matrix?
- Waren Sie ehrlich zu sich selbst?
- Gibt es Aktivitäten, die unten links stehen?

Ergänzungsvorschlag für die Matrix
Die Matrix wird nun um einen Vorschlag ergänzt, wie mit diesen Arbeiten umzugehen sein könntet – wir bieten Ihnen hier Vorschläge bzw. Ansatzpunkte für weitere Überlegungen.

Denken Sie nun die einzelnen Quadranten mit uns durch:

Quadrant: oben rechts
Hier finden Sie jene Aufgaben, die inhaltlich komplex sind und oft bis sehr oft vorkommen. Diese Aufgaben könnte man auch als die Kernaufgaben der Rechtsabteilung bezeichnen. Üblicherweise ist das auch der Bereich, der den meisten In-House-Juristen*innen besonders Freude macht. Also Vertragserstellung, Verhandlungen etc.
Diese Aufgaben sind Kernaufgabe der Rechtsabteilung.

Quadrant: oben links
Diese Aufgaben, wie z. B. der Kauf eines*r Mitbewerbers*in, kommen eher selten vor und sind inhaltlich komplex. Dieses Wissen laufend und auf höchstem Niveau in einer Rechtsabteilung zur Verfügung zu stellen, ist als unwahrscheinlich realisierbar einzustufen. Es handelt sich somit um eine Aufgabe, die jedenfalls in Ihrer Rechtsabteilung, aber wahrscheinlich mit Unterstützung einer spezialisierten Kanzlei Ihres Vertrauens abgewickelt wird.

Würden Sie diese Aufgabe aus der Sicht ebenjener spezialisierter Kanzlei in die obige Matrix eintragen, stünde sie im oberen rechten Quadranten. Denn eine Kanzlei, die Sie zu diesem für Sie speziellen und seltenen Thema berät, sollte Unternehmenskäufe laufend („most frequently") vollziehen und dies daher als ihre Hauptkompetenz einordnen.

Diese Aufgaben sind keine inhaltlichen Kernaufgaben der Rechtsabteilung, wohl aber in ihrer Verantwortung und sollten bewusst an Dritte vergeben werden. Das Management dieser Projekte bleibt allerdings in der Rechtsabteilung.

Quadrant unten links
Oft findet sich erstaunlich viel in diesem Bereich. Diese Aufgaben sind nicht komplex und kommen nicht häufig bzw. mittelhäufig vor. Stellen Sie sich die Frage: Sind diese Aufgaben eine sinnvolle Nutzung der Zeit der Rechtsabteilung? Oder sind es eher nicht-juristische, administrative Aufgaben? Gefallen? Gewohnheiten? Oder Zeitverschwender? Oder einfach Zeitfüller?
Diese Aufgaben sind keine Kernaufgaben einer Rechtsabteilung.

Quadrant unten rechts
Dies sind die klassischen Aufgaben, die vielleicht nicht zu 100 % standardisiert sind, aber bereits zu 80 %. Es kann sich dabei beispielsweise um einen bereits hundertfach angefertigten Sponsoringvertrag aus der Werbeabteilung handeln, den die Rechtsabteilung sicherheitshalber nochmals kontrolliert. Es kann sich auch um das NDA handeln, das auf Basis eines alten Vertragsmusters ausgefüllt wird.

Diese Aufgaben sind Kernaufgaben einer Rechtsabteilung. Für Aufgaben in diesem Quadranten sind Legal Tech-Lösungen gute Alternativen (wie z. B. Vertragserstellungstools für Standardverträge, die der Vertrieb 24/7 abrufen und selber erstellen kann etc.). In Ländern, in denen Legal-Services von Nicht-Anwalt*innen erlaubt sind, kann hier auch die Zuziehung einer solchen Anbieters von Mehrwert sein.

Haben Sie alle Aufgaben Ihrer Rechtsabteilung erfasst und in die Matrix eingefügt?

Wie stimmig ist das Bild für Sie? Schauen Sie sich nochmals alle Quadranten und die Aufgaben an. Manche Aufgaben, z. B. größere Projekte können erneut in die vier besprochenen Quadranten zerlegt werden. Pro Projekt gibt es dann wieder Aufgaben, die Kernaufgaben der Rechtsabteilung sind bzw. nicht. Nun sollten Sie als Basis einen grundlegenden Überblick über die Arbeit Ihrer Rechtsabteilung haben.

Sie können diese Aufgabe in alle möglichen Bereiche unterteilen: z. B. für jede*n Ihrer Mitarbeiter*innen; Ihre eigenen Aufgaben; Projektgruppen für einzelne Abteilungen in Ihrem Bereich etc.

Schritt 2: Analyse der Erwartungen der internen Klient*innen

Sie wissen nun, welche Aufgaben Sie in der Abteilung erledigen.

Haben Sie auch ein klares Bild, was Ihre internen Klient*innen von Ihnen erwarten?

Eine gute Methode, die unterschiedlichen Stakeholder zu erfassen, ist die sogenannte Mindmapping-Technik, die ein visuelles Denkwerkzeug ist. Ihre Rechtsabteilung positionieren Sie in der Mitte eines Blatt Papiers oder online z. B. unter https://www.mindmeister.com/de. Ziehen Sie Linien (sogenannte Äste) von der Mitte (also Ihrer Rechtsabteilung) nach außen zu jede*m Ihrer Klienten*in und schreiben Sie deren echte (nicht die von Ihnen gewünschten) Erwartungshaltungen an Ihre Rechtsabteilung auf.

> **Was erwarten interne Klienten*innen von Ihrer Rechtsabteilung?**
> - Ihr Interner Einkauf: Schnelligkeit, 24/7, gute Vertragsvorlagen;
> - Ihr CEO/Geschäftsführung: Pauschale Vermeidung von Risiken, Ermöglichung aller Geschäftschancen, Checks-and-Balances-Garant
> - Ihr Vertrieb: Spielverderber*in, der*die am Ende immer für alle Geschäftsvorschläge eine Lösung finden sollte
> - Compliance Team: Absicherung der eigenen Meinung; vertraute*r Partner*in
> - Ihre Kreditabteilung: verlässliche Beratung, vor allem telefonisch bei Unsicherheiten bei der Vertragsgestaltung; Hilfestellung auch bei (nicht juristischen) kommerziellen Unsicherheiten; Sparringspartnerschaft

Schritt 3: Abgleich von Schritt 1 und 2 mit den Unternehmenszielen

Nun haben Sie also eine Aufstellung Ihrer Aufgaben und eine Mindmap mit allen Ihren internen Klienten*innen und deren Erwartungen an Ihre Rechtsabteilung.

Im nächsten Schritt geht es darum, diese Ergebnisse mit den übergeordneten Zielen Ihres Unternehmens abzugleichen: Wie helfen Sie als Rechtsabteilung nach diesen Überlegungen, die Ziele Ihres Unternehmens zu unterstützen?

Arbeiten Sie z. B. in einem bereits vollständig digitalisierten Unternehmen, werden es andere Ziele sein als in einem analog funktionierenden Unternehmen.

Nehmen wir als Grundlage ein Beispiel für eine (mögliche) Unternehmensstrategie:

> **Beispiel**
>
> Das Unternehmen XY verfolgt einen an den jeweiligen regionalen Marktgegebenheiten ausgerichteten Wachstumskurs. Langfristig orientierte und solide Kundenbeziehungen, ein respektvolles Ver halten gegenüber seinen

Stakeholdern sowie die laufende Steigerung des Unternehmenswertes sind die essenziellen Säulen der an nachhaltigem Wirtschaften ausgerichteten Unternehmensstrategie.

Ziel des Unternehmens XY ist es, sowohl global handelnden als auch lokal tätigen Kunden*innen eine hohe Qualität der Produkte, optimale Dienstleistung sowie innovative Ideen und Wissen in der Produktweiterentwicklung zu bieten.

Ein weiteres Ziel ist es, nutzerfreundliche Produkte zu realisieren.

Die dazu passende Definition einer Rechtsabteilung könnte daher folgendermaßen lauten

- Die Rechtsabteilung unterstützt alle regionalen Bereiche des Unternehmens XY in rechtlichen Belangen, um den Wachstumskurs des Unternehmens zu gewährleisten.
- Die Rechtsabteilung leitet durch die Nähe zum operativen und lokalen Geschäft alle rechtlichen Belange im Unternehmen als Partner.
- Die Rechtsabteilung beobachtet, analysiert und informiert über das rechtliche Umfeld des Unternehmens und leistet durch das rechtzeitige Erkennen von Risiken und Chancen einen aktiven Beitrag zur nachhaltigem Steigerung des Unternehmenswertes.
- Die Rechtsabteilung fördert durch eine grundsätzlich ausgewogene Vertragsgestaltung eine respektvolle Zusammenarbeit mit allen Vertragspartnern.
- Die Rechtsabteilung schafft durch andauernde Qualitätskontrollen eine Kultur der Gesetzestreue und Risikominimierung im Unternehmen.
- Die Rechtsabteilung arbeitet kontinuierlich an innovativem Bereitstellen von Wissen und Rechtsinhalten für das gesamte Unternehmen.

Nun sollten Sie eine Liste an Punkten haben, wie Ihre Rechtsabteilung die Ziele Ihres Unternehmens unterstützt.

Schritt 4: Warum gibt es Ihre Rechtsabteilung?

Sie haben jetzt einen Überblick über Ihre Tätigkeiten, die Erwartungshaltungen Ihrer Klient*innen und Ihre Ziele für die Rechtsabteilung, die zu den Unternehmenszielen passen.

Nun lehnen Sie sich zurück und stellen sich folgende Frage: „Warum gibt es meine Rechtsabteilung überhaupt?". Oder: „Warum ist das Unternehmen bereit, jedes Jahr XXX EUR für die Rechtsabteilung auszugeben?". Schreiben Sie die Antwort auf.

Beim „Warum" sollte greifbar gemacht werden, welcher Mehrwert für andere geschaffen wird (und nicht, wie toll die eigene Abteilung ist). Lassen Sie sich Zeit.

> **Anbei ein paar Anregungen für das Warum aus anderen Branchen**
> - Google: „Googles mission is to organize the worlds information and make it universally accessible and useful." (Google 2020)
> - Unterhaltungskonzern: „Wir sind hier, um die Menschen zu unterhalten."

Dieses Warum sollten alle Ihre Mitarbeiter*innen verinnerlichen – es sollte also kurz und eingängig sein.

Schritt 5: Formulierung der digitalen Strategie

> Eine **Strategie** ist ein langfristiger Plan, der definiert, wie und auf welche Art und Weise ein übergeordnetes Ziel erreicht werden soll. Eine Strategie umfasst Ziele, Visionen und Maßnahmen. Die digitale Strategie ist ein Teilbereich.

Sie haben nun:

1. Einen Überblick über Ihre Aufgaben.
2. Kenntnis über die Erwartungshaltungen Ihrer Klient*innen.
3. Ihre Ziele analog zu den Unternehmenszielen gelegt.
4. Ihr Warum definiert.

Wie gelangen Sie nun zur Digitalisierungsstrategie für Ihre Rechtsabteilung?

Die Ausgangslage der Rechtsabteilung (Schritt 1 und 2) definiert wie die Rechtsabteilung arbeitet und eingebettet im Unternehmen ist. Diese systematische Betrachtung der Ausgangslage macht Ihnen die Herausforderungen Ihre Rechtsabteilung deutlich.

Noch ein kleiner Zwischenschritt als Hilfestellung:

„Strategisches Planen ist wertlos – es sei denn, man hat zuerst einmal eine strategische Vision." sagte schon John Naisbitt (2019)

Passende Fragen dazu sind: Wer sind wir als Rechtsabteilung? Was machen wir? Wo wollen wir hin? Die Vision bildet so etwas wie das Fundament der Strategie.

> **Folgende Visionen geben Ihnen ein Beispiel**
> - Die Welt verändern, die Welt besser gestalten.
> - Unserem Unternehmen helfen, die besten Geschäfte zu erzielen.

Für die Strategiedefinition gilt es auch Trends zu antizipieren. In Bezug auf die digitale Strategie für Ihre Rechtsabteilung haben Sie den für Sie wesentlichen Trend schon identifiziert: Legal Tech und die Digitalisierung.

Als Beispiel: Sie antizipieren eine Welt, in der interne Klienten*innen Standardverträge digital bearbeitet, verhandeln und verwalten werden. Daher richten Sie die Strategie der Rechtsabteilung darauf aus und digitalisieren das Vertragsmanagement.

Oder: Da stets mehr interne Klienten*innen Tablets, Laptops und Smartphones bevorzugen, planen Sie Ihre Strategie nicht nur für Desktop-PCs, sondern auch für mobile Dienste.

> **Folgende Strategien bekannter Unternehmen in einem Satz könnten Ihnen als Anregung dienen**
> - Mobile Phone Produzent: Fokussiere dich auf Design und Usability.
> - Versandhandel: Setze voll auf die Bequemlichkeit der Kunden.
> - Einrichtungshaus: Mach deine Filialen zu einem Erlebnis und stifte Identifikation.
> - Wir haben immer den günstigsten Preis.
> - Wir sind Service-Meister für unsere Kunden.
> - Uns geht Qualität über alles.
> - Wir sind technologisch führend.

Gehen Sie nun die einzelnen Punkte Ihrer Strategie mit Blick auf „Digitalisierung" durch.

> **Für die Analyse können die nachstehenden Fragen hilfreich sein**
> - Was bedeuteten die einzelnen Punkte in ihrer Essenz in Bezug auf Digitalisierung?
> - Was bedeuten Ihre Aufgaben und Ihre Herausforderungen, die Sie bereits erarbeitet haben, unter der Bezugnahme auf die Digitalisierung?
> - Wo sind Sie als Abteilung wirklich stark?
> - Können diese Stärken ausgebaut und durch Technologie verbessert werden?
> - Wie digital sollen Ihre Abläufe und Prozesse in den kommenden Jahren werden?
> - Welche Form der digitalen Beziehungen zu Ihren internen Klienten oder externen Partnern wird es in den nächsten Jahren geben?

Als Ergebnis dieser Aufgabe sollte sich beispielsweise eine Kernaufgabe oder das Hauptziel der Digitalisierungsmaßnahmen herausstellen: Ein Beispiel für eine solche Kernaufgabe könnte etwa sein, dass es der Rechtsabteilung durch die Digitalisierungsmaßnahmen ermöglicht wird, zeitnah und innovativ rechtliche Themen dem gesamten Unternehmen in allen Ländern zur Verfügung zu stellen.

Nun gibt es für Sie wieder die Möglichkeit, das theoretisch erarbeitete Wissen in die Praxis umzusetzen. Nehmen Sie sich 30 Minuten Zeit für Ihren ersten Strategieentwurf.

An dieser Stelle ist nochmals zu betonen, dass es sich hier um eine schnelle Übung handelt, um in diesem Quick Guide einen Eindruck zu vermitteln, was eine digitale Strategie ist. Gerade die Ausformulierung der Strategie sollte in mehreren Schleifen und im Team erarbeitet werden, sodass möglichst alle verschiedenen Aspekte berücksichtigt, diskutiert und auch sprachlich treffend festgehalten werden können.

> **Folgende zwei Beispiele können Ihnen eine Anregung bieten**
> Ziel der Rechtsabteilung ist es, qualitativ hochwertige Rechtsberatung zu gewährleisten, sowie die Kommunikation einfach und primär ohne Medienbrüche und auf digitalen Wegen abzuwickeln.

> Das beinhaltet zwei essenzielle Aspekte für die Abteilung:
> Erstens bedeutet es für die einzelnen Mitarbeiter*innen Ihrer Rechtsabteilung, dass die „digitale Komponente" stets auf die Entscheidungsprozesse und Entwicklungen Einfluss nimmt.
> Zweitens hat es zur Folge, dass der Schwerpunkt der Arbeit noch immer die juristische Leistung ist.
> Oder
> Sie wollen bis zum TT.MM.JJJJ alle Workflows, Vorstandsagenden, Genehmigungen, Gerichtsverfahren, standardisierten Abläufe oder Unterschriften innerhalb der Rechtsabteilung digital abbilden.
> Ein anderes Vorhaben kann sich darin erstrecken, sämtliche Policies automatisiert mit globalen Gesetzesänderungen abzugleichen oder auch alle bestehenden Verträge für alle relevanten Personen im Unternehmen auf transparente Weise zur Verfügung zu stellen.

Fassen Sie nun Ihre strategischen Ergebnisse für Ihre Rechtsabteilung hier zusammen:

So lautet unsere Strategie für die Rechtsabteilung
So lautet unsere digitale Strategie für die Rechtsabteilung
Das ist unser Warum (Mission)
So lautet unsere Vision

Schritt 6: Operationalisierung der digitalen Strategie – Digitale Roadmap

> Ein konkreter Umsetzungsplan wird oft als **„Digital Roadmap"** bezeichnet. Die Digital Roadmap beinhaltet die Benennung von Maßnahmen zur Umsetzung Ihrer digitalen Strategie.

Überlegen Sie nun, wo welche technische Unterstützung für Ihre Rechtsabteilung Sinn ergeben könnte.
Eine Digital Roadmap beinhaltet:

- Eine Auflistung der einzelnen Projekte zur Digitalisierung Ihrer internen Prozesse und Abläufe.
- Eine Analyse der konkreten Arbeitsschritte und Projekte in jeder einzelnen Organisationseinheit Ihrer Rechtsabteilung – jedes einzelne Rechtsgebiet oder jede Abteilung Ihrer Rechtsabteilung.
- Spezifische Projekte zur Gestaltung digitaler (interner und externer) Klientenbeziehungen.

> **Beispiel für ein konkretes Projekt: Einführung der digitalen Akte**
> Diese haben schon viele Rechtsabteilungen in Verwendung. Wie kann diese nun mit einem gut durchdachten Workflow dazu führen, dass Ihre internen Klienten*innen auch auf das von der Rechtsabteilung freigegebene Wissen zugreifen können? Dabei ist z. B. an dynamische Vertragsmuster zu denken. Beispielsweise könnte durch dynamische Vertragsmuster, die von Ihrer Rechtsabteilung gewartet werden, der Vertrieb Ihres Unternehmens 24/7 selbstständig stets aktuelle Vertragsvorlagen ausfüllen und gleichzeitig die Sicherheit haben, dass der dabei erstellte Vertrag den Vorgaben der Rechtsabteilung entspricht. Eventuell kann dieser zugleich digital signiert an Kunden*innen verschickt und gegengezeichnet werden. Die original unterzeichnete PDF-Datei kann zudem automatisch im unternehmensinternen Archiv gespeichert werden.

Im nächsten Schritt definieren, diskutieren und bewerten Sie konkrete Anwendungsfälle für Ihre Rechtsabteilung.
Wie operationalisieren Sie nun also Ihre (digitale) Strategie am besten? Nehmen Sie nun Ihre Strategie und Ihre Analysen aus Schritt 1 bis 4 zur Hand und machen Sie eine große Liste/Matrix mit folgenden Punkten von links nach rechts:

- Konkretes Themengebiet
- Häufigkeit
- Ist die Rechtsabteilung verantwortlich für den gesamten Prozess oder ist Rechtsabteilung Teil eines großen Workflows?

- Digitalisierungsmöglichkeit gegeben?
- Ziel
- Prozessoptimierung notwendig?
- Interne Klienten*innen
- Stakeholder
- Notwendige Ressourcen (Personen/Finanzen)
- Verantwortlichkeiten in der Rechtsabteilung
- Priorität/Schmerzpunkt

Blicken Sie kritisch auf jeden einzelnen Schritt in Bezug auf konkrete Anwendungsfälle.

Analysieren Sie vor allem das Ergebnis von Schritt 1, also Ihrer „Arbeitsaufwandsliste". Aufgaben aus dem Quadranten rechts unten eignen sich besonders gut für Legal Tech und Digitalisierungspläne.

> **Für Ihre Analyse können die nachstehenden Fragen hilfreich sein**
> - Ist der Prozess Teil des internen Einkaufs und Sie als Rechtsabteilung kommen lediglich sporadisch für einzelne Arbeitsschritte mit Ihrer Expertise hinzu? Oder sind Sie als Rechtsabteilung für den gesamten Prozess von der Vertragserstellung bis zur Unterzeichnung verantwortlich?
> - Welche Schritte in diesem Prozess sollten nicht in der Rechtsabteilung sitzen (Sie können diese Frage wieder mit der ersten Matrix verknüpfen)?
> - Markieren Sie die essenziellen Punkte in Ihrer ausformulierten Strategie mit roter Farbe. Sind die rot markierten Stellen diejenigen, bei denen am meisten Reibungsverlust und Probleme entstehen?

Im Zuge dieser Übung identifizieren Sie nun Ihre kritischen Punkte und suchen dazu konkrete Lösungen. Diese könnten Tools sein, neue Prozesse, neue Produkte oder gar ein verändertes „Operating Model".

An dieser Stelle ist externe Hilfe ratsam, denn durch einen frischen Blick auf die Vorarbeit ergeben sich oftmals neue Perspektiven und Ideen. Dies könnte beispielsweise Ihr unternehmensinternes Strategieteam sein oder auch jemand aus Ihrer Rechtsabteilung, der*die in der Vorarbeit nicht stark involviert war und nun als Sparring Partner fungieren kann.

Anhand einer Prioritätenliste werden die Ideen und Themen strukturiert und geordnet. So nimmt die Operationalisierung Kontur an.

4 Die eigene Strategie entwickeln

Beispiel: Digitalisierung des Vertragsmanagements

Aus unserer Erfahrung siedelt sich das Thema Vertragserstellung bei Ihnen als Rechtsabteilung vermutlich in der unter Schritt 1 erstellten Matrix zur Legal Type Work Analysis im Quadrant oben rechts an.

Schauen Sie sich genau an, wie bei Ihnen in der Rechtsabteilung ein Vertrag (Gutachten, Dokument etc.) zu Stande kommt.

In der digitalen Sprache wird dieser Prozess „Unbundling" genannt: Das Zerlegen eines Entstehungsprozesses in seine Einzelbestandteile.

Aus Erfahrung ist dies für viele Juristen*innen schwierig, da in den meisten Wissensberufen das ausgezeichnete Ergebnis im Vordergrund steht und der Weg dorthin bisher wenig Aufmerksamkeit erhalten hat. Das ist beispielsweise im Automotivsektor anders, wo seit 60 Jahren alle Schritte in der Fertigung genauestens analysiert und optimiert werden. Nicht, dass die Juristerei mit der Herstellung eines Autos verglichen werden soll. Es ist jedoch interessant, sich die Abläufe anzusehen, denn wie in der Automobilbranche greifen auch in der Juristerei unterschiedliche Teams und Fähigkeiten wie ein Zahnrad ineinander. Jede*r ist während der Autoherstellung Teil eines großen Workflows – die Designer*innen, die Mechaniker*innen, die Einkäufer*innen, die Monteure*innen etc. Dieser Aspekt ist in der Rechtsabteilung auch zu beobachten.

Zurück zur oben genannten Aufgabe: Die Digitalisierung der Vertragserstellung. Nehmen Sie sich 30 bis 45 Minuten Zeit und suchen Sie sich einen Ihrer Fälle aus, den Sie nun im Detail von der Vertragserstellung bis zur Unterschrift und Ablage analysieren.

Beispiel: Angenommen, eine Ihrer Herausforderung ist es, die Effizienz zu steigern

Welche Optionen haben Sie nun? Denken Sie Schritt für Schritt an Ihre eigenen Abläufe.

Es gibt kein richtiges oder falsches Ergebnis. Sie haben meist folgende Handlungsoptionen, um dieses Ziel zu erreichen: „Leistung reduzieren" oder „völliger Wegfall" oder „geringere Perfektion" oder „geringerer Umfang" oder „geringere Frequenz". Die Antwort „geringere Perfektion" ist für Jurist*innen meist keine realistische Option, denn ein perfektes Ergebnis ist nicht verhandelbar. Eine geringere Perfektion und die damit einhergehende geringere Qualität im Ergebnis kann also von Juristen*innen keine Zustimmung erlangen. Daher ist es wichtig, über alle anderen Optionen nachzudenken und zu überlegen, welche Optionen für Sie in Frage kommen und welche konkreten Umsetzungsschritte sich daraus ergeben.

So lassen sich verschiedene Handlungsoptionen strukturiert analysieren, um eine oder mehrere Lösungsideen zu generieren.

Das vorliegende Buch handelt von Legal Tech, dennoch ist darauf aufmerksam zu machen, dass manche der oben genannten Themen/Prozessschritte mitunter auch ohne Technologie gelöst werden können, da es sich um operative Aufgaben handelt.

Müssen z. B. Standard-NDAs wirklich von Senior In-House Lawyers geprüft werden oder macht es Sinn, bei der nächsten Stellenbesetzung gezielt einen talentierten Junior einzustellen? Kann der Prozess überdacht und optimiert werden? Eine digitale Lösung kann dann immer noch sinnvoll sein, oft jedoch erst in einem späteren Schritt.

Integrieren Sie, wo möglich, Ihre internen Klienten und Partner in die Digitalisierung Ihrer Geschäftsprozesse. Beachten Sie dabei auch deren Digitalisierungsgrad. Vielleicht haben Ihre internen Klienten bereits eigene digitale Prozesse, die Sie bei Ihren Überlegungen beachten und zu denen Schnittstellen geschaffen werden müssen. Alle Bereiche in Ihrem Unternehmen sind von der Digitalisierung betroffen, jeder in seiner eigenen Geschwindigkeit und seinem eigenen Umfang. Ein partnerschaftlicher Zugang kann Ihnen z. B. ermöglichen, Investitionskosten zu teilen.

> **Mit folgenden Werkzeugen können Sie die oben genannten Punkte gut erarbeiten**
> - Analyse bestehender digitaler Initiativen im Unternehmen, in die Sie sich als Rechtsabteilung einbringen können – z. B. der Einkauf führt die digitale Signatur ein.
> - Awareness-Workshops mit dem Team/internen Klienten/Stakeholdern zu Chancen und Risiken digitaler Technologien in Verbindung mit dem Geschäftsmodell des Unternehmens.
> - Festlegung des eigenen Fokus als Rechtsabteilung.
> - Gemeinsame Erarbeitung einer digitalen Vision im Unternehmen.

In Abb. 4.2 sehen Sie ein Beispiel für eine digitale Roadmap.

Die Umsetzung der digitalen Strategie erfolgt häufig nach den Prinzipien des agilen Projektmanagements (siehe dazu detailliert Kap. 5). Anstelle eines langfristigen fixen Maßnahmenplans („Waterfall") werden Digitalisierungsprojekte regelmäßig in kurzen Abständen evaluiert und neu definiert. Das bedeutet, Projekte laufend Kontrollen zu unterziehen, sie zu verändern oder sie manchmal auch zu beenden.

4 Die eigene Strategie entwickeln

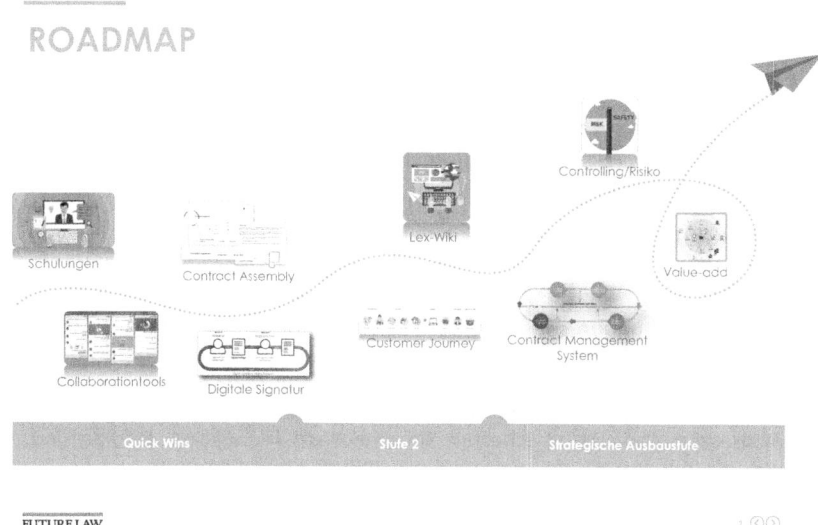

Abb. 4.2 Die digitale Roadmap

Recherche und Auswahl eines Tools
Zur Verwirklichung eines Themas oder einer Idee aus dem Umsetzungsplan erstellen Sie einen Anforderungskatalog. Dabei kommt Ihnen die frühere Arbeit zugute und Sie können sich nun auf das spezifische Thema fokussieren. Es ist gut, Ihre IT-Abteilung einzubeziehen, um die technischen Voraussetzungen zu klären (z. B. Cloud/on Premises). Stellen Sie den Kontakt von Ihrer IT zum IT-Kontakt des Legal Tech Tool-Providers her. Eine Klärung von IT zu IT wirkt in den meisten Fällen und ist daher eine effiziente Lösung. Beziehen Sie Ihr eigenes Team frühzeitig mit in die Prozesse ein.

Definieren Sie einen klaren Auswahlprozess: Eine Longlist von 7 bis 10 Legal Tech-Anbietern˙innen, in Folge sodann eine Shortlist bestehend aus drei Anbietern˙innen. Lassen Sie sich und Ihrem Team (oder einer Core Group) die Top Tools Remote via geführten Demotours zeigen, um einen ersten Eindruck zu gewinnen. Erstellen Sie für Ihr Team passende Use Cases („Mini PoCs") und stellen Sie diese den Anbietern bei einem persönlichen Pitching-Termin bei Ihnen im Büro zur Verfügung. Testen Sie das Tool anhand von Demos im realen Betrieb bei sich. Erstellen Sie einen internen Kriterienkatalog zur Evaluierung aller Bewerber, den Sie zur Ihren Mitarbeiter*innen während des Auswahlprozesses zur Verfügung stellen.

Noch ein Tipp: Verkäufer*in ≠ Implementierer*in. Versuchen Sie, bei den von Ihnen favorisierten Tools nicht nur mit der Verkaufsperson zu sprechen. Sprechen Sie jedenfalls mit einem*r Techniker*in, um zu verstehen, ob das Tool tatsächlich kann, was es verspricht.

> **Ihr Transfer in die Praxis**
>
> Die obigen Übungen sollen Ihnen helfen, die Tätigkeitsbereiche in Ihrer Rechtsabteilung, die digitalisiert werden können, zu definieren und dann mit konkreten (Legal) Tech-Umsetzungsplänen zu versehen. Seien Sie so konkret wie möglich. Konzentrieren Sie sich auf die Quick Wins, die einfach umzusetzen sind. Damit schaffen Sie eine Basis für weitere Erfolge und auch intern einen Willen, weitere digitale Projekte umzusetzen.

4.4.2 Strategie für Anwaltskanzleien

Wir beschäftigen uns in folgendem Abschnitt damit, wie man sich der Entwicklung einer (digitalen) Strategie in einer Anwaltskanzlei am effektivsten und einfachsten nähert.

Schritt 1: Überblick und Analyse der Aktivitäten

William C. Cobb hat schon lange vor dem Zeitalter der Digitalisierung ein praktikables Modell für die Analyse des Wertes einer Aufgabe aufgestellt, genau genommen im Jahr 1988 in der September-Ausgabe des ABA Law Practical Management Section des Legal Economies.

Cobbs unterscheidet dabei vier große Arten der Aufgaben in einer Matrix (Abb. 4.3), die auf der einen Achse „Wert schaffend" und auf der anderen Achse „Volumen der möglichen Arbeit" abbildet.

Anwälte*innen wünschen sich, dass Ihre Leistungen in der Ecke oben links angesiedelt sind. Dafür sind sie ausgebildet und das entspricht auch ihrer ureigenen DNA: Das sind die einzigartigen Rechtsprobleme, die inhaltlich komplex und spannend sind und bei denen die Höhe des Honorars kein Thema darstellt.

4 Die eigene Strategie entwickeln

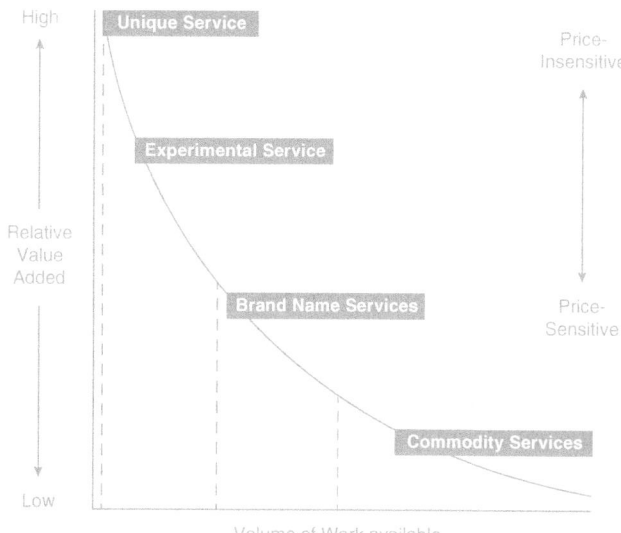

Abb. 4.3 Zuteilung möglicher Arbeit. (Quelle: Eigene Darstellung und Erweiterung in Anlehnung an „William C. Cobb 1988)"

Die Realität in einer großen oder kleinen Kanzlei sieht jedoch meist anders aus. Die täglichen Tätigkeiten befinden sich in allen Quadranten. Dies birgt allerdings auch einen positiven Faktor in sich, denn es minimiert das Risiko, ausschließlich von einem großen Auftrag abhängig zu sein.

Nehmen Sie sich nun 15 Minuten Zeit und analysieren Sie, wie die abgebildete Matrix konkret für Ihre gesamte Kanzlei aussehen würde und welche Aufgabe welcher Person zugeteilt ist. Vermeiden Sie dabei, den Idealfall abzubilden, sondern illustrieren Sie die faktischen Gegebenheiten.

Wenn Sie diese Aufgabe abgeschlossen haben, sehen Sie sich die nachstehende Analyse an.

Sie können sich diese Matrix nun auch als Pyramide vorstellen: Den obersten Bereich, also die Spitze, die Bereiche A und B werden Sie auch zukünftig (persönlich) abdecken. Dies ist Ihr Spezialgebiet. Da es oben an der Spitze steht, sind es im Vergleich zur unteren Basis mengenmäßig wahrscheinlich nicht so viele Fälle. Für die Bereiche C und D, die Basis der Pyramide, also die Bereiche, die mengenmäßig viel sind, aber von der Komplexität eher gering, ist es von Nutzen, sich eine Digitalisierungsstrategie anzueignen.

Schritt 2: Formulierung der digitalen Strategie

Formulieren Sie nun Ihre digitale Strategie. Diese könnte z. B. lauten: „Bis zum TT.MM.JJJJ werden wir die Erstellung aller unserer Standardverträge (= alle Verträge, die wir mind. 5x am Tag erstellen) automatisieren." Oder: „Wir stellen bis TT.MM.JJJJ unsere Mandantenkommunikation auf digitale Medien mit einzigartiger Userexperience um."

Sollten Sie wirklich ein digitales Geschäftsmodell anstreben, das (wie z. B. Fairplane oder myright) eine strukturierte und systematisierte Fallbearbeitung ermöglicht, ist das ein eigenes Projekt für sich. Denn bei der Idee des Geschäftsmodells handelt es sich nicht um individuelle juristische Fälle. Es basiert auf einem hohen Grad der Automation von Standardfällen und einer konzentrierten Umstellung eines Teils oder der gesamten Kanzlei.

Hier ist essenziell, dass Sie ein gutes, „spitzes" Rechtsgebiet finden und Ihre Prozesse nach Bedarf anpassen, erweitern und zu einer maßgeschneiderten Dokumentenautomation ausbauen. Bis die Gewährleistung eines reibungslosen Ablaufs erreicht ist benötigt dies wahrscheinlich 80 % Ihrer eigenen Aufmerksamkeit. Diese radikale Umstellung auf ein neues Geschäftsmodell ist allerdings nicht mehr die Digitalisierung Ihrer Kanzlei, sondern eine digitale Kanzlei.

Schritt 3: Operationalisierung der digitalen Strategie

Nun geht es darum, die Strategie mit Leben und konkreten Aktivitäten zu füllen.

Die Matrix in Abb. 4.4 soll Ihnen bei den Überlegungen hinsichtlich Ihrer eigenen Kanzlei, Praxisgruppe oder einzelnen Juristen*in weiterhelfen. Setzen Sie Ihr Team zusammen, wie Sie es für effektiv und gewinnbringend halten.

Nehmen Sie sich 15 Minuten Reflexionszeit.

Rechtsgebiet oder Team	% der Zeit	% des Umsatzes	Zuständigkeit in Kanzlei	Standardisierbar? Hoch/mittel/niedrig	Wenn ja, wie?	Verantwortlichkeit der Umsetzung	Bis wann
Arbeitsrecht	25%	10%	Fr Muster	hoch	Arbeitsverträge, Massenkündigungen	Fr Muster	TT.MM.JJ
Kartellrecht	20%	40%	Fr Master	mittel	Automatisierung von Erkennen von gesetzlichen Änderungen	Hr Meier	TT.MM.JJ

Abb. 4.4 Matrix für Sie und Ihr Team

Wenn Sie diese Aufgabe abgeschlossen haben, sehen Sie sich nachstehende Matrix an: Sie sollten nun einen guten Überblick über konkrete Ansatzpunkte und eine gute Ausgangsbasis für die Formulierung Ihrer weiteren Aktivitäten haben. An dieser Stelle ist nochmals zu betonen, dass es sich hierbei um eine schnelle Übung handelt, um in diesem Quick Guide einen Eindruck zu vermitteln, worum es in diesem Schritt geht. Die Weiterentwicklung des erarbeiteten Grundgerüstes geschieht in der detaillierten Ausarbeitung meist durch die Auseinandersetzung gemeinsam mit Ihrem Team.

Für Ihre Analyse können die nachstehenden Fragen hilfreich sein
- Sind wir heute/in Zukunft attraktiv für unsere Klienten*innen, die (zunehmend) Echtzeit-Reaktion verlangen?
- Hand aufs Herz: Ist es mit unseren internen Prozessen möglich, mit den steigenden Anforderungen an Effizienz und Agilität (Flexibilität) umzugehen?
- Schon heute drängen neue (Legal Services/Beratungs-) Unternehmen mit neuen (digitalen) Geschäftsmodellen in den Markt und definieren oft neue Regeln. Können/Wollen wir diese (digitale) Herausforderung annehmen?
- Kennen wir unsere Kernprozesse und sind wir imstande, diese zu verändern/verbessern?
- Haben wir einen klaren Zugang zu Klientenakquise und unserem Datenmanagement?
- Haben wir eine klare Vorstellung, wie sich meine/unsere Kanzlei in den nächsten zwei bis vier Jahren entwickeln soll?

Überlegen Sie nun, wo welche technische Unterstützung für Ihre Kanzlei sinnvoll wäre.

Diese Überlegungen haben nichts mit der Größe einer Kanzlei zu tun. Unserer Erfahrung nach haben besonders kleinere Einheiten viel zu gewinnen.

An dieser Stelle einige Bemerkungen bzw. Anregungen. Die Legal Tech-Unternehmen sind nur als Beispiele zu verstehen und nicht als konkrete Empfehlung. Quick Wins, um sich und Kanzleimitarbeiter*innen einfach mit digitalen Produkten vertraut zu machen, können unter anderem nachstehende sein:

1. Kommunikation mit dem*r Klienten*in: Versenden Sie noch E-Mails? Dann führen Sie das einfach weiter, da die meisten Klienten*innen diese Kommunikationsform schätzen (80 % und mehr Korrespondenz erfolgt derzeit via E-Mail). Sollte Ihnen das Thema Verschlüsselung und Sicherheit/Geheimnisschutz wichtig sein, so googeln Sie einfach „dsgvo konforme Austauschplattform" für Ihre Jurisdiktion. Diese Anbieter*innen bieten in der DACH-Region für einstellige Monatsbeträge folgende Vorteile auf einen Knopfdruck: Sie können große Dateien mit Links per E-Mail verschicken und diese mit Passwörtern schützen. Auch Ihre Klienten können ihre Dokumente sicher hochladen (statt Email). Sie haben die Möglichkeit, von überall aus sicher auf Dateien und Dokumente zuzugreifen und diese zu synchronisieren (meist mit jedem beliebigen elektronischen Gerät). Das gibt Ihnen auch die Möglichkeit, mobil und flexibel zu arbeiten. Es ist auch möglich, auf bestehende anwaltliche Aktenverwaltungssysteme zuzugreifen und auf Anfrage einzelne Akten für Klienten*innen zu öffnen.
2. Vertrags- und Dokumentenerstellung: Erledigen Sie Standardaufgaben in Ihrer Kanzlei? Analysieren Sie mit Ihren Mitarbeiter*innen und Kolleg*innen, welche Verträge und Dokumente das ganz konkret sind. Erfassen Sie dazu in einer (Excel-)Tabelle jene Rechtsgebiete, die Sie erarbeiten und welche sich für Standardisierungen eignen. Dann treffen Sie eine Entscheidung: reicht es hier, professionelle Word-Vorlagen zu erstellen oder zahlt es sich aus, ein Werkzeug zur Dokumentenerstellung (wie z. B. „lawlift" oder „contractmill") zu kaufen? Hier ist die zentrale Frage das Warten und Nutzen der

Werkzeuge – wer ist dafür zuständig? Haben Sie genug Zeit, dass Ihre Juristen*innen hier ihr Wissen zur Verfügung stellen können?
3. Sollte ihr Kanzleimanagementsystem kein Projektmanagementtool oder Workflowtool anbieten, dann können Tools wie „Monday.com" oder „iurio" für Sie geeignet sein. Diese erlauben es, ein Aufgabenmanagement und teilweise auch zugleich eine Datenaustausch-Funktion zu nutzen. Da Projektmanagement auch für kleinere Einheiten wichtig ist, suchen Sie sich eines aus, dass Sie gegebenenfalls auch gleich für Ihre Klient*innen öffnen können.
4. Service für Klient*innen: haben Sie schon einmal überlegt, einen digitalen Signaturprozess nach der Fertigstellung eines Vertrages mit/für Ihre*n Klienten*innen zu erproben? Anbieter*innen wie „contractbook", „contracthound" oder „docusign" sind hier mögliche Optionen.
5. Sicher telefonieren? Manche Anwälte*innen erlauben kein Smartphone in Besprechungsräumen. Provider wie „threema" oder „signal" bieten zumindest gute und sichere Alternativen zu gängigen Kommunikationskanälen wie beispielsweise „WhatsApp".
6. Für die Aufbereitung, Arbeitsunterstützung und rasche Analyse von Verträgen gibt es Unterstützungstools wie z. B. www.donna.legal/.
7. Für spezielle Rechtsgebiete, wie Immobilien, Litigation etc. gibt es auch (branchen-)spezifische Anbieter*innen. Manchmal bieten auch große Systeme z. B. für Bauträgerprojektmanagement zudem Vertragsmodule an.

Die genannten Legal Tech-Provider*innen geben Ihnen lediglich eine Idee zu den einzelnen Teilbereichen und sind keine Empfehlungen. Welche speziellen Anforderungen (on premise, cloud, webbasiert etc.) für Sie in Ihrer Jurisdiktion notwendig sind, erfahren Sie bei Ihrer lokalen Rechtsanwaltsvertretung.

Unsere Erfahrung zeigt: Die meisten Anwälte*innen finden Tools faszinierend, die sie bei einer*m Kollegen*in gesehen haben und streben dieselben Optionen an. Doch gilt es dabei im Auge zu behalten, dass dies zwar gute Impulse sind, Sie sich aber der Frage stellen müssen, ob das Produkt auch wirklich **Ihre** Probleme löst bzw. zu **Ihrer** (digitalen) Strategie passt.

Ihre Roadmap sollte sich an den Aufgaben orientieren und nicht an den Technologien.

Suchen Sie also nicht angestrengt nach einer Möglichkeit, künstliche Intelligenz in Ihrer Kanzlei zur Anwendung zu bringen. Gehen Sie einen Schritt nach dem anderen.

> **Für Ihre Analyse können die nachstehenden Fragen hilfreich sein**
> - Informieren Sie sich, wie Mitbewerber*innen sich weiterentwickeln.
> - Welche innovativen Anwendungsfälle sind bereits konkret in ihren Anfängen erkennbar?
> - Fokus: konzentrieren Sie sich auf Ihre individuellen Herausforderungen und Lösungen.

Schritt 4: Erarbeitung des Umsetzungsplans

> **Beispiele für die Inhalte einer digitalen Roadmap**
> - Konkrete Projekte zur Digitalisierung interner Prozesse und Abläufe.
> - Konkrete Projekte in den einzelnen Fachbereichen.
> - Projekte zur Gestaltung digitaler (interner und externer) Klienten*innenbeziehungen.
> - Projekte zur Entwicklung digitaler Geschäftsmodelle und bei Rechtsabteilungen Projekte zur Entwicklung digitaler Lösungen.

Auch hier gilt wieder die allgemeine Theorie: Struktur und Kultur folgen der Strategie. Sie können nun versuchen, einen echten Plan für Ihre Kanzlei zu entwerfen.

In Abb. 4.5 finden Sie ein Beispiel für eine Roadmap.

Die Umsetzung der digitalen Strategie erfolgt häufig nach den Prinzipien des agilen Projektmanagements: Statt eines langfristigen fixen Maßnahmenplans („Waterfall") werden Digitalisierungsprojekte regelmäßig in kurzen Abständen evaluiert und neu definiert. Gerade durch das im Bereich der Digitalisierung hohe Maß an Unsicherheit ist es erforderlich, Projekte regelmäßig auf den Prüfstand zu stellen, sie zu verändern oder sie manchmal sogar zu beenden. Das ist besonders für Juristen und Juristinnen ein schwieriges Unterfangen.

Vertragserstellungstool Aufgaben	Verantwortlichkeit der Umsetzung	Bis wann
Prüden, ob Vertragserstellungstool Sinn macht		TT.MM.JJ
Vertragsmuster konkretisieren (alle Muster, die mehr als 20x im Monat verwendet werden)		
Mit allen PartnerInnen sprechen, Budget sichern		
Transferpricing abchecken		
Transferpricing für Verwendung von Vertragsmustern aufsetzen		
Tool Kriterien definieren		
Tools recherchieren und auswählen und verhandeln		
Tool Befüllung mit Inhalten		
Launch des Tools mit Pilotteam inkl. Kommunikationsmassnahmen		
Transferpricing durchführen		

Abb. 4.5 Die Roadmap der kleinen Schritte

4.5 Digitale Strategie – und dann?

Die größten Hürden in Kanzleien oder Rechtsabteilungen bestehen oft darin, dass Wichtigkeit und Bedeutung einer (digitalen) Strategie unterschätzt werden. Zudem ist in einer Vielzahl von Fällen keine übergeordnete Strategie vorhanden. Alleine dieser Umstand bietet einen guten Grund, sich auch als Einzelanwalt˙in oder kleinere Sozietät mit einer (digitalen) Strategie auseinander zu setzen, um sich dem Thema individuell nähern zu können und am Markt den Anschluss nicht zu verlieren.

Zum anderen mangelt es nach der Erarbeitung einer (digitalen) Strategie oft an der fehlenden Übertragung des theoretischen Strategie-Konzeptes in den Alltag und somit in die Praxis. Selbst die beste (theoretische) Strategie vermag es nicht, eine fundierte praxisorientierte Lösung zu gewährleisten, wenn sie falsch oder gar nicht umgesetzt wird. Mit anderen Worten, wird die entwickelte digitale Strategie nicht konsequent in das Alltagsgeschäft Ihrer Kanzlei und Rechtsabteilung übertragen, verschwindet sie erfolglos in einer Schublade.

Erfolgreiche (digitale) Transformation benötigt jedenfalls auch die Unterstützung aller Mitarbeiter*innen. Eine aktuelle Microsoft-Studie (Microsoft 2018) stellte fest, dass nur 11 % der Befragten die Digitalisierung ihres Unternehmens als gemeinschaftliches Projekt betrachten. Das ist einer von zehn Mitarbeiter*innen – sollten Sie neun Mitarbeiter*innen haben, ist dabei also kein einzige*r, der Ihre Pläne unterstützt. Es ist unwahrscheinlich, dass ein solch umfassender Wandel wie die digitale Transformation erfolgreich sein kann, wenn die betroffenen Menschen nicht mitarbeiten (wollen oder können).

Strategie ist vorwiegend Chef*innen-Sache, diese Verantwortung nimmt Ihnen niemand ab. Sofern für Sie möglich, sollten Sie Ihre Mitarbeiter*innen dennoch von Anfang an zur aktiven Mitarbeit motivieren und sie effektiv einbinden.

> **Folgende Fragen können hier konkrete Anhaltspunkte für Ihre Überlegungen geben**
> - Wie kann digitale Technologie die Arbeit der Mitarbeiter*innen verbessern?
> - Welche Jobs werden sich (wie) verändern?
> - Was wird Ihre Aufgabe sein?
> - Wie viel Zeit sollen die Mitarbeiter in die digitale Transformation investieren, und wer wird sich um welche Aufgabe kümmern?
> - Was bedeuten diese Veränderungen für uns als Kanzlei-/Rechtsabteilungsorganisation als Ganzes?

Erfahrungswerte zeigen, dass der erste Schritt zu Legal Tech mitunter einer der schwierigsten ist, besonders mit Blick auf Anwaltskanzleien: Das Geschäft ist nach wie vor lukrativ und auch Steigerungen sind noch sichtbar. Dies hat zur Folge, dass die Gründungspartner*innen wenig Interesse an neuen Investitionen zeigen. Seitens der jungen Mitarbeiter*innen zeichnet sich eventuell Interesse und Neugier ab, allerdings verfügen diese eben noch nicht über das entscheidende Gewicht in der Sozietät. Externe Berater*innen erhalten zudem in vielen Fällen auch wenig Gehör.

Warum also funktioniert die Umsetzung oft nicht wie geplant? Häufig bietet ein technisches Tool bereits so viel Mehrwert, dass der Gebrauch desselben dem Anschein nach die einzig sinnvolle Konsequenz ist. Erfahrungswerte zeigen allerdings, dass die Einführung eines Tools nur dann effizient funktioniert, wenn die Digitalisierung auch von „unten" wirkt. Dies bedeutet, dass die Digitalisierung von den Mitarbeitern*innen getragen wird. Mit anderen Worten: Usern kommt eine – wenn nicht die – entscheidende Rolle zu. Ein Grund dafür ist der Umstand, dass die meisten Kanzleien und Rechtsabteilungen kein digitales Unternehmen per se sind (wie beispielsweise Google oder Amazon).

Zusammenfassend ist die Erstellung einer digitalen Strategie jedenfalls Angelegenheit der Chefetage bzw. des Managements, die Umsetzung der digitalen Strategie wiederum muss aber aus der Kanzlei/Rechtsabteilung heraus erfolgen. Schaffen Sie klare Verantwortlichkeiten und legen dabei Augenmerk darauf, dass dies keine Nebenaufgabe zum Vollzeitjob sein soll, welche nicht entlohnt und ausreichend gewürdigt wird. Es soll sich vielmehr um eine richtige Verantwortung handeln, die vergütet wird und mitunter einen Bonus verdient.

Egal ob Sie eine Rechtsabteilung oder eine Anwaltskanzlei sind, finden Sie anbei ein paar Basisvoraussetzungen, um die Erfolgschance Ihrer Digitalisierungsbemühungen zu messen.

> **Tipps & Tricks für Ihre Überlegungen**
> - 100 % Unterstützung sind eine stabile Basis. Bei Rechtsabteilungen: Alle Stakeholder müssen an Bord sein. Bei Kanzleien: Alle Partner*innen müssen an Bord sein.
> - Vereinbaren Sie klare Ziele.
> - Definieren Sie die internen/externen Klienten*innenbedürfnisse und richten Sie Ihre Bestrebungen danach aus.
> - Definieren Sie Quick Wins und setzen Sie diese rasch um, um auf ersten Legal Tech Erfolgen aufbauen zu können.
> - Unterziehen Sie Ihre Projekte einer regelmäßigen (agilen) Feedbackschleife und ändern Sie etwas, wenn notwendig.
> - Verfolgen Sie eine auch finanzielle Gewinnabsicht.
> - Evaluieren Sie bei Geschäftsideen das Marktpotenzial.
> - Betten Sie Ihre digitalen Aktivitäten in nachhaltige interne Strukturen mit klarer Verantwortlichkeit von Anfang an ein.

4.5.1 Exkurs: die Rolle des (Chief) Digital Officers

Viele (digitale) Projekte scheitern, da sie nicht in die Phase der Umsetzung gelangen. Der Plan ist fertig, alle Beteiligten freuen sich, aber es fehlt an der organisatorischen Verankerung und dem operativ Verantwortlichen. Und nach anfänglichem Enthusiasmus schwindet die Energie und Bereitschaft der Verantwortlichen, sich diesem Thema auch noch am Wochenende zu widmen (siehe auch Kap. 5).

Wenn Sie sich also dafür entscheiden, digitale Projekte umzusetzen, bedenken Sie die Kosten und Besetzung einer zuständigen Person mit. Oder prüfen Sie als Rechtsabteilung, ob Sie sich zusätzliche Ressourcen aus einem zentralen Projekt Team zur Umsetzung einholen können.

Diese Rolle könnte z. B. ein Äquivalent zur Rolle eines Chief Digital Officer (CDO) in einem Unternehmen sein. Der sogenannte CDO-Kompass (CDO-Kompass.de 2019), wies aus, dass es im Jahr 2010 gerade 52 CDOs gab. Im Vergleich dazu wurden im Jahre 2016 bereits 2.500 gewählt. Diese Stellung ist in klassischen Unternehmen eine auf dem sogenannten „C-Level", eine Funktion, die es weder in einer Kanzlei noch einer Rechtsabteilung in dieser konkreten Ausformung gibt. Dennoch ist auch hier Ihre Kreativität und Initiative gefragt.

Als größere Rechtsabteilung oder Kanzlei überlegen Sie sich jedenfalls ernsthaft die Ausgaben für eine*n Digital Officer. Holen Sie sich bei Bedarf eine*n externe*n Berater*in an Bord (dazu siehe weiter unten Kap. 7). Auch diese*r kann Sie jedoch nur einen Teil des Weges begleiten. Bauen Sie also nachhaltige Strukturen in Ihre Organisation ein. Sollten sie gegenwärtig keine Ressourcen zur Umsetzung zur Verfügung haben, verschieben Sie Ihren Plan. Planen Sie voraus und akquirieren Sie Budget für die Realisierung in zwei Jahren, aber verschwenden Sie Ihre Zeit nicht mit Halbheiten. Dann verbrennen Sie intern auch Ihre Glaubwürdigkeit und digitale Projekte werden auf Dauer nicht ernstgenommen.

Zur Beruhigung: Nicht jede*r muss ein Pionier oder Early Adopter sein. Schauen Sie sich in Ruhe an, was in den nächsten zwei Jahren passiert und definieren Sie dann bewusst Ihre digitale Strategie. Demnach würde Ihre Strategie zum heutigen Zeitpunkt lauten: „Über die nächsten zwei Jahre informieren wir uns zu Legal Tech und Digitalisierung und evaluieren dann im Jahr 20XX eine Strategieerstellung zu diesem Thema". Das ist eine bewusste und sehr legitime Entscheidung.

Was aber ist nun die Aufgabe eines*r Digital Officers:

- Der*die Digitale Officer erarbeitet (mit allen relevanten Stakeholdern) einen individuellen, konkreten Plan für die Digitalisierung Ihrer Kanzlei/Rechtsabteilung.
- Der*die Digitale Officer bringt in Erfahrung, wie Sie Tools aus dem Start-up-Bereich und Case Studies und/oder aus Ihrem Gesamtunternehmen auf Ihre Kanzlei/Rechtsabteilung anwenden können.
- Der*die Digitale Officer setzt Ihre digitalen Projekte um.

4.5.2 Exkurs: der digitale Arbeitsplatz

Vorab: Viele Kanzleien und Rechtsabteilungen sprechen vom Einsatz künstlicher Intelligenz, Blockchain etc., bieten Ihren Mitarbeiter*innen jedoch nicht einmal einen digitalen Arbeitsplatz. An dieser Stelle wird häufig argumentiert: „Aber wir haben ja schon Computer und Laptops". Das mag zwar stimmen, aber der digitale Arbeitsplatz ist Synonym für eine Kulturveränderung. Der digitale Arbeitsplatz ist mehr als ein Computer.

Was bedeutet das für Ihre Kanzlei oder Rechtsabteilung? Nehmen Sie sich 15 Minuten Reflexionszeit und schreiben Sie Ihre Überlegungen auf.

> **Folgende Fragen können hier konkrete Anhaltspunkte für Ihre Überlegungen geben**
> - Die Mitarbeiter*innenerfahrung (User Experience) hat oberste Priorität
> - Bereitstellung von Anwendungen – jederzeit und überall
> - Bieten Sie modernes Gerätemanagement
> - Das Management von Sicherheit und Anwendererfahrung ist essenziell
> - Automatisierung jeder Größenordnung für sicheren Erfolg ist die Grundlage

Vor der Einführung des digitalen Arbeitsplatzes sind folgende drei strategische Tipps hilfreich:

Ein „zu wenig" sowie auch ein „zu viel" (Legal) Technologie kann die Produktivität einer Kanzlei oder Rechtsabteilung hemmen. Daher ist es wichtig, bei der Umsetzung des digitalen Arbeitsplatzes die Balance zwischen „traditionell" und „digital" zu wahren.
Bedenken sie folgende Punkte:

1. Kommunizieren und Umsetzen: Die Umsetzung erfordert eine klare Botschaft an die Mitarbeiter*innen, dass es sich dabei um ein wichtiges Instrument handelt, mit dem die gemeinsamen Ziele für die Kanzlei/die Rechtsabteilung besser erreicht werden können.
2. Die permanent fordernde (digitale) Erreichbarkeitskultur eingrenzen: Die technischen Möglichkeiten haben die Grenzen zwischen Arbeit und Privatleben verschwimmen lassen. Positiv betrachtet bedeutet das, größere Flexibilität in der Ausgestaltung der Work-Life-Balance, aber sie birgt auch Risiken. Ein Gerät, das immer griffbereit ist, unbeachtet zu lassen und eine nächtliche E-Mail „erst" am nächsten Tag zu beantworten, ist nicht einfach. Um Stress und Burnouts vorzubeugen, sollten Kanzleien und Rechtsabteilungen eine Kultur der Fairness leben und „Downtimes" aktiv und bewusst auf Partner- und Leitungsebene unterstützen. Gehen Sie selber mit gutem Beispiel voraus.
3. Digitalisieren, aber nach strengem Maß: Obwohl viel (bzw. fast alles) zukünftig über digitale Plattformen erledigt werden kann, ist und bleibt die menschliche Interaktion, das Vertrauen, unersetzlich. Regelmäßige Treffen via Telefon und/oder persönlich sollen weiterhin fester Bestandteil Ihrer Arbeitskultur bleiben. Vor allem in Hinblick auf interne und externe Klienten*innen ist eine bewusste Interaktion besonders wichtig.

Der digitale Arbeitsplatz ist nicht einfach die Anschaffung von Hardware und Tools. Es ist eine klare und bewusste Entscheidung, nicht nur um den zeitgemäßen Ansprüchen der Mitarbeiter*innen an das Wo und Wann ihrer Arbeit gerecht zu werden, sondern auch um Kanzleien und Rechtsabteilungen eine effizientere und vereinfachte Organisation zu ermöglichen. Der digitale Arbeitsplatz ist eine essenzielle Voraussetzung für das „digital Business" und erfordert gerade deshalb ein hohes Maß an Fingerspitzengefühl.

Noch ein Gedanke: Die Zusammenführung von internen/externen Daten und Kollaboration sind eine wesentliche Voraussetzung für die Gestaltung einer optimalen internen und externen User Experience – dem wichtigsten Asset, mit dem Sie sich heute, auch in Bezug auf Employer Branding, von der Konkurrenz absetzen können.

Die Digitalisierung verändert nicht nur Sie und Ihre Unternehmen/Kanzlei. Sie verändert auch die bestehenden und neuen Mitarbeiter*innen. Hierarchieebenen verschieben, Arbeitsgewohnheiten und Kommunikationsverhalten verändern sich. Sorgen Sie dafür, dass Ihre Mitarbeiter*innen relevante Veränderungen mitbekommen und die notwendigen Zusatzqualifikationen und Kompetenzen aufbauen, damit diese nicht den Anschluss zu der digitalen Entwicklung Ihrer Rechtsabteilung/Kanzlei versäumen. Neue Mitarbeiter*innen sollten digitale Kompetenzen schon als Bewerber*in mitbringen.

4.5.3 Exkurs: Zusammenarbeit mit Legal Tech Start-up-Unternehmen

Oft werden wir gefragt, welches Legal Tech Start-up ein Problem lösen kann. Das ist immer spannend. Bei unseren Legal Tech Innovationsprojekten arbeiten wir viel mit Start-Ups zusammen. Der Vorteil ist, dass sie neue Ideen und „andere" Zugänge zu gewissen Problemstellungen haben und neue Technologien einsetzen. Und die Kanzleien und Unternehmen profitieren enorm. Im Besonderen der innovative und nicht-juristische Zugang zu Lösungen kann erfrischend sein und einer Kanzlei/Rechtsabteilung neue Aspekte aufzeigen.

Auch die Start-ups haben viele Vorteile und Kunden*innen, und das ermöglicht es ihnen ihre Produkte gezielt und nach konkreten Rückmeldungen stetig weiter entwickeln zu können.

Auf der anderen Seite bestehen viele Start-ups aber nicht dauerhaft. Generell geht man z. B. laut dem Deutschen Start-Up Monitor (https://deutscherstartupmonitor.de/) davon aus, dass 80 bis 90 % aller Start-Ups innerhalb von drei Jahren scheitern. Eine Zusammenarbeit kann daher auch ein Risiko bedeuten.

Das heißt nicht, dass eine bewusste Zusammenarbeit nicht sehr interessant sein kann. Als Unternehmen/Kanzlei gilt es lediglich dieses Faktum abzuwägen und offenen Auges eine gute Entscheidung zu treffen.

Ihr Transfer in die Praxis

Überlegen Sie, was die digitale Strategie für Ihre Organisation bedeutet:

- Eine digitale Strategie hilft Ihnen basierend auf fundierter Recherche bei der Ergreifung der Chancen, die Ihnen die Digitalisierung bietet. Sie verbindet zudem die Bedürfnisse der Menschen (interner und externer Klienten*innen sowie Ihrer Mitarbeiter*innen), Ihre Ziele und die technischen (digitalen) Möglichkeiten.
- Haben Sie einen ersten Plan für Ihre Digitalisierungsmaßnahmen in Bezug auf Ihre Organisation, binden Sie alle Personen in Ihrer Organisation ein, aber erwarten Sie nicht zu viel Enthusiasmus von Ihren Mitarbeiter*innen, Führungskräften und Partner*innen. Sie sind mitten in einem Veränderungsprozess und ein solcher braucht Zeit.
- Die meisten Projekte scheitern nicht am Plan, sondern an der Umsetzung. Gönnen Sie sich und Ihrer Kanzlei/Rechtsabteilung daher auch Umsetzungserfolge. Fangen Sie konkret und klein an und setzen Sie sich realistische zeitliche Ziele. Und: Belohnen Sie bewusst die Arbeit an Ihren Digitalisierungsprojekten.
- (Chief) Digital Officer: Unabhängig davon, welchen Titel Sie einer Person in dieser Rolle geben, statten Sie sie mit genug interner „Macht" aus, um Entscheidungen zu treffen sowie ein Budget zu verwalten. Gestalten Sie, wenn Sie eine derartige Rolle in Erwägung ziehen Stellung, Position und Umfeld um ein dementsprechendes Äquivalent in Ihrer Organisation zu integrieren.

Literatur

Cobb, W.C. 1988. September-Ausgabe des ABA Law Practical Management Section des Legal Economies 1988. Chicago: American Bar Association.

Deutscher Start-Up Monitor. 2019. https://deutscherstartupmonitor.de/. Zugegriffen am 03.11.2019.

Google. 2020. Mission statement. https://about.google/intl/en_us/. Zugegriffen am 02.02.2020.

Merx, O., und L. Merx. 2019. CDO-Kompass.de. http://www.cdo-kompass.de/. Zugegriffen am 02.11.2019.

Microsoft. 2018. Digitalisierung für alle: Wie wir eine Kultur der digitalen Transformation schaffen. https://info.microsoft.com/DE-DIGTRNS-CNTNT-FY18-04Apr-09-DigitalisierungfurallemiteinerKulturderdigitalen-Transformation-MGC0002264_01Registration-ForminBody.html. Zugegriffen am 29.10.2019.

Naisbitt, J. (2019). https://www.zitate.de/autor/Naisbitt%2C+John?page=2. Zugegriffen am 03.11.2019.

Oliver Wyman. 2018. Digital telco leaders excel in customer experience and efficiency. https://www.oliverwyman.com/media-center/2018/feb/digital-telco-leaders-excel-in-customer-experience-and-efficienc.html. Zugegriffen am 02.11.2019.

5

Faktencheck: was machen die Anderen?

> **Was Sie aus diesem Kapitel mitnehmen**
> - Einen Überblick, was auf dem Markt geschieht.
> - Ein Verständnis dafür, was die technologieführenden Organisationen besonders gut macht.

Sollten Sie den Eindruck haben, dass Sie sich weit entfernt von einer digitalen Strategie und deren Umsetzung befinden, dürfen wir Ihnen mit guten Gewissen mitteilen, dass Sie beruhigt sein können: Die meisten in der Rechtsbranche stehen erst am Anfang des digitalen Umbruchs und entwerfen noch Strategien zur Umsetzung.

Nachfolgend ein Überblick, wie sich die Branche gegenwärtig entwickelt.

Die Studie „Legal Technology 3.0" (Corporate Legal Insights (CLI) und Wolters Kluwer 2019) hat bei einer Befragung von mehr als 100 Rechtsabteilungen zu ihrem Umgang mit neuen Technologien Folgendes ergeben:

Digitale Vertragsakten, intelligente Compliance-Management Systeme und innovative Enterprise-Legal-Management-Lösungen sind in vielen Unternehmen praxiserprobte Hilfsmittel.

Das Durchsuchen von juristischen Fachdatenbanken oder die digitale Verwaltung von Dokumenten im Office Explorer ist bei Deutschlands Unternehmensjuristen˙innen längst Alltag, wie die Umfrage ergab. Viele der befragten Rechtsabteilungen nutzen Software-Lösungen der sogenannten ersten Legal-Tech-Generation. Das sind z. B. IT-Systeme zur digitalen Dokumentenverwaltung, juristische Fachdatenbanken, die elektronische Erstellung von Rechnungen und Workflow-Management-Software. So sagen rund 85 % der Studienteilnehmer, dass ihre Rechtsabteilung bei diesen Anwendungen einen mittleren bis hohen Reifegrad in ihrer Arbeit habt. (Studie „Legal Technology 3.0" Corporate Legal Insights (CLI) und Wolters Kluwer 2019)

Anders verhält es sich bei teil- und vollautomatisierten Rechtsdienstleistungen, den sogenannten Legal Tech 2.0 und Legal Tech 3.0. Blockchain, Smart Cards oder eDiscovery spielen gerade einmal für knapp drei Prozent täglich eine Rolle. Jede˙r sechste Leiter˙in gibt zudem an, derzeit überhaupt keine Legal-Tech-Services aus der Generation 2.0. oder 3.0 zu nutzen. (Studie „Legal Technology 3.0" Corporate Legal Insights (CLI) und Wolters Kluwer 2019)

Dass Legal Tech eine Strategiefrage und keine IT-Frage ist (Sophie Martinetz, Future-Law), bewahrheitet sich auch hier: General Counsel sollten mithilfe einer Strategie definieren, welche Ziele sie mit Legal Tech erreichen wollen und vor allem, welche konkreten Maßnahmen und eventuell auch Veränderungen dafür ergriffen werden müssen.

Eines zeigt diese Studie deutlich: Eine Planung/Strategie für den Einsatz von Legal Tech/Digitalisierung hat bislang fast keine Rechtsabteilung. Nur zwei (!) der 62 teilnehmenden Rechtsabteilungen in Deutschland haben eine Strategie. Das ergibt im Umkehrschluss, dass 96,8 % noch keinen Plan für den Einsatz von Software-Diensten und Legal Tech haben. Jedoch hat bereits jedes dritte Unternehmen mit der Erarbeitung einer eigenen Strategie begonnen. (Lto.de 2019)

Eine weitere Studie, „The Future Fit Lawyer" (Wolters Kluwer 2019), die 2019 in Europa und den USA vorgenommen wurde, kommt zu folgenden Ergebnissen:

Anwälte˙innen, Rechtsabteilungen und sogenannte Rechtsdienstleister˙innen wurden befragt. 49 % der Befragten gaben an, dass sie neue Technologien schon einsetzen und auch über die nächsten drei Jahre weiter investieren werden. Vier Prozent gaben an, dass sie derzeit keine solchen Technologien nutzen und dies auch in Zukunft nicht tun wollen.

Zwischen den Ergebnissen aus Europa und den USA hat die Studie keine großen Unterschiede aufgezeigt.

Die Rechtsdienstleister˙innen sind von den drei Organisationsformen am ehesten technologieführend (56 %) – wie z. B. die Anwaltskanzleien von Prüfgesellschaften. Danach folgen dann Rechtsabteilungen und Kanzleien. Hier werden immerhin 49 % bzw. 46 % als technologieführend eingestuft.

Die Organisationen, die bereits jetzt zu den Technologieführern zählen, investieren intensiver in Technologie. Dies scheint auch wirtschaftlich sinnvoll zu sein: mehr als zwei Drittel der technologieführenden Kanzleien und Rechtsdienstleister˙innen geben an, von 2017 bis 2018 eine höhere Rentabilität erzielt zu haben. Bei Organisationen im Übergang verzeichnete nur gut die Hälfte eine höhere Rentabilität. (Studie „Future Fit Lawyer", Wolters Kluwer 2019)

Basistechnologien wie Online-Software für juristische Recherche und Online-Dokumentenmanagementsysteme werden in den nächsten drei Jahren zum Standard. Schon heute werden Kundenportale, Abrechnungssoftware oder eine elektronische Fall- bzw. Vorgangsverwaltung sowie sogenannte Treibertechnologien wie Software für Vertragsmanagement und Vertragsanalyse, sowie für die Datenanalyse eingesetzt. Die elektronische Kommunikation mit den Gerichten kommt in Deutschland früher oder später (in Österreich gibt es den sog. „Elektronischen Rechtsverkehr" zwischen Anwälten˙innen und Gericht bereits seit 1999).

Der größte Vorbehalt laut Umfrage ist, dass sich die Organisationen zu wenig mit der (Legal) Tech und Change Thematik auseinandersetzen und das Verständnis fehlt, wie (Legal) Technologien funktionieren und vor allem wie sie richtig anzuwenden sind. Unter die organisatorischen Umsetzungen fallen etwa kulturelle Unterschiede, eine fehlende (Digitalisierungs-)Strategie und Vorbehalte der Partner˙innen/Geschäftsleitung. Und als weiterer Grund werden finanzielle Gründe angeführt. (Lto.de 2019)

Gute Führung ist wichtig – der Fisch stinkt vom Kopf: 55 % der Befragten registrieren einen Widerstand der obersten Ebene gegen Veränderungen sowie Schwierigkeiten in der Umsetzung des Change Management.

Selbst in der Gruppe der Technologieführer˙innen gibt nur die Hälfte der Befragten an, dass ihre Chefetage sehr gute Arbeit leistet, den aktuellen Veränderungsbedarf versteht und die richtigen Schritte unternimmt, um ihre Organisation auf die (digitale) Zukunft vorzubereiten oder Informationstechnologie überhaupt als Motor für Veränderungen sieht.

Und rund 50 % geben an, dass Kosten gescheut werden, und immerhin 31 % sind der Auffassung, dass Klienten keine Änderungen verlangen. (Studie „Future Fit Lawyer", Wolters Kluwer 2019)

Sollten Sie in einer dieser wichtigen „Entscheiderpositionen" sein – überdenken Sie Ihr eigenes Verhalten.

Sogenannte transformative Technologien wie künstliche Intelligenz und Machine Learning werden nach der Ansicht der meisten Juristen˙innen exponentiell zunehmen, sind aber derzeit kaum in Gebrauch.

Interessant ist, wie Innovation vorangetrieben wird: Knapp ein Drittel der Befragten hat dazu eigens Technologie-Spezialisten˙innen engagiert. Rund 25 % der Juristen˙innen berichten, dass ihre Organisationen eine eigene interne Legal-Tech-Lösung entwickelt haben. Und rund ein Viertel hat formale Innovationsinitiativen gegründet. 22 % haben schon mit einem Legal-Tech-Startup zusammengearbeitet. (Studie „Future Fit Lawyer", Wolters Kluwer 2019)

Bei der Innovation sind Anwaltskanzleien als Schlusslicht zu werten: 68 % haben schon einen oder mehrere Schritte in Richtung Einsatz von Technologien getätigt vs. 96 % der Rechtsdienstleister˙innen und 88 % der Rechtsabteilungen. (Studie „Future Fit Lawyer", Wolters Kluwer 2019)

Laut Studienautoren werden technologieführende Organisationen ihren Vorsprung am stärksten ausbauen, da sie profitabler und besser in der Lage seien, sich in ein neu entstehendes „juristisches Ökosystem" zu integrieren, das auch Akteure aus dem Bereich Legal Technology einschließe.

In Österreich sind die Ergebnisse ähnlich. Nach einer Umfrage von Future-Law 2018 sind österreichische Rechtsanwält˙innen allerdings technologischen Veränderungen viel aufgeschlossener als ihre deutschen Kolleg˙innen. Dies ist sicher darauf zurück zu führen, dass z. B. die Kommunikation mit den Gerichten schon seit 1999 verpflichtend elektronisch erfolgt. In diesem Sinne haben im Herbst 2018 auch mehre große österreichische Anwaltskanzleien weltweit erstmalig gemeinsam den „Legal Tech Hub Vienna" gegründet, um gemeinsam die Digitalisierung des Rechtsbereichs voran zu treiben (siehe auch www.lthv.eu).

Die österreichischen Rechtsabteilungen sind in vieler Hinsicht den deutschen ähnlich. Für mehr Info schauen Sie in die Future-Law Studie „Die Rechtsabteilung 2035" (Future-Law 2019).

Kanzleien und Rechtsabteilungen, die noch immer überlegen, wie sie (Legal) Technologien in mehr oder größerem Umfang einsetzen können, sollten sich jedenfalls beeilen, sofern sie mithalten wollen.

> **Ihr Transfer in die Praxis**
>
> Dieser Überblick soll Ihnen als Orientierung dienen. Sie wissen nun, dass (Legal) Technologie nicht nur dazugehört, sondern ein essenzielles wirtschaftliches Element ist.
>
> Holen Sie sich die Studien und machen Sie sich einen Einblick, welche konkreten Technologien oder Projekte für Ihre Organisation interessant sein könnten.

Literatur

Corporate Legal Insights (CLI) und Wolters Kluwer. 2019. Legal technology 3.0. https://unternehmensjuristen.wolterskluwer.de/studien/. Zugegriffen am 28.10.2019.

Future-Law. 2018. Der Anwaltsberuf 2035. https://future-law.at/der-anwaltsberuf-2035-umfrage-praesentation/. Zugegriffen am 28.10.2019.

Future-Law. 2019. Die digitale Rechtsabteilung 2035. https://future-law.at/rechtsabteilungen/. Zugegriffen am 28.10.2019.

Lto.de. 2019. https://www.lto.de/recht/kanzleien-unternehmen/k/studie-legal-tech-rechtsabteilung-einsatz-strategie-unternehmen-kanzlei/. Zugegriffen am 5.11.2019.

Wolters Kluwer. 2019. Future fit lawyer. https://wolterskluwer.com/binaries/content/assets/wk/pdf/news/lr/wk-future-fit-lawyer-lr-032019.pdf. Zugegriffen am 28.10.2019.

6

Verantwortung und Ethik im Umgang mit der Digitalisierung

> **Was Sie aus diesem Kapitel mitnehmen**
> - Warum Ethik in der Phase des Umbruchs von höchster Relevanz ist.
> - Warum jede*r Einzelne*r eine Verantwortung trägt.

Wir leben in einer Phase des Umbruchs: Digitale Tools und neue Prozesse ändern und hinterfragen Gewohnheiten. Es gibt also Unsicherheit, Grauzonen, Enthusiasmus über technische Möglichkeiten und auch blinden Fortschrittsglauben. Daher hat diese Phase des digitalen Umbruchs einen durchaus größeren Bedarf an der Implementierung von Ethik als andere Bereiche. Diese Überlegung stützt sich auf zwei grundlegende Elemente.

Erstens sind digitale Abläufe nicht sichtbar. Wir können nicht unmittelbar beobachten oder nachvollziehen, was ein Algorithmus oder Programm an Aktion setzt, auf welchen Kriterien diese Entscheidungen beruhen, nach welchen Arten von Daten, woher und wann diese Daten gesammelt werden. Zudem ist auch nicht unmittelbar greifbar welche Konsequenzen eine digitale Technologie in sich bergen kann, wenn sie mit anderen Technologien oder Datensätzen kombiniert wird. Wir blicken lediglich auf die Ergebnisse.

Das zweite essenzielle Element ist der Umstand, dass „Digitales" unser gesamtes Leben grundlegend verändert. Dies beginnt bereits im privaten Bereich: Digitale Technologien betreffen äußerst schnell persönliche Lebensbereiche, ohne, dass dies uns kognitiv ständig bewusst ist – vom „Personal Computer" der 1980er-Jahre bis zu digitalen Geräten wie Smartphones oder Wearables, die heute (für viele) ein ständiger Begleiter sind. Wir geben mitunter einen 24/7-Einblick in unsere intimsten Lebensbereiche, geben diese intimen Daten an Social-Media-Plattformen weiter, teilen diese mit unseren Peers und schlussendlich bieten wir diese Daten großen Konzernen zum Gebrauch an.

Daher ist es uns ein Anliegen, dass Sie im Hinterkopf behalten: Experience und digitales Design haben immer ein (wirtschaftliches) Ziel und die Frage ist, was dieses Ziel für die Zukunft bedeutet.

An dieser Stelle kommen Sie ins Spiel: Sie definieren für Ihre Branche heute schon die Standards, Ziele und Mittel, um diese für die kommenden Generationen zu erreichen sowie auch zu gewährleisten. Fordern Sie z. B. von Legal Tech- und Digitalisierungsunternehmen, einen White-Box Zugang. Was bedeutet das konkret: Bei sogenannten Blackbox-Modellen können Benutzer die Input-Output-Beziehung einfach beobachten: Die Eingabe von Kundendaten führt zum Beispiel zur Zuteilung eines Kreditkartenlimits. Dem gegenüber steht die sogenannte „erklärbare" KI, sogennante Whitebox-Modelle: das sind Modelle, bei denen man klar erklären kann, wie sie sich verhalten, wie sie Vorhersagen produzieren und welche die Einflussgrößen und Kriterien sind: d. h. erstens müssen die Kriterien verständlich sein, und zweitens muss der Machine-Learning-Prozess transparent sein. Gerade im rechtlichen Bereich ist es wichtig zu verstehen, welche Entscheidungskriterien gewählt wurden. Und zwar nicht nur von Techniker zu Techniker, sondern auch für „normale" juristische Benutzer von Legal Tech Systemen (Martinetz 2020).

In diesem Sinne, nehmen Sie Ihre Chance wahr, die Zukunft mitzugestalten.

> **Ihr Transfer in die Praxis**
> - Ergreifen Sie Ihre Verantwortung und seien Sie sich ihrer bewusst.
> - Schaffen Sie Bewusstsein und Sensibilität für Daten.
> - Stellen Sie sich der Frage: Wozu werten Sie Daten aus? Was ist Ihr Ziel?
> - Haben Sie sich mit der Materie ausreichend befasst?
> - Haben Sie alle notwendigen Informationen in Bezug auf Ihre Tech-Lösung/Strategie und -Ethik?
> - Denken Sie über Ihre Handlungen im digitalen Zusammenhang nach: Welche Daten generieren Sie und mit welcher Methode?
> - White Box statt Black Box: Fragen Sie sich nach welchen Kriterien Ihre automatisierten Entscheidungen getroffen werden.
> - Und als zentraler Aspekt: Scheuen Sie sich nicht, diese Themen mit Ihrem Team zu diskutieren.

Literatur

Martinetz, S. 2020. Warum wir eine Whitebox und keine Blackbox für den Einsatz künstlicher Intelligenz auch in Legal Tech brauchen. https://www.wienerzeitung.at/themen/recht/recht/2048075-Kuenstliche-Intelligenz-verstehen.html. Zugegriffen am 02.02.2020.

7

Projektmanagement

> **Was Sie aus diesem Kapitel mitnehmen**
> - Was Projektmanagement ist.
> - Wie sich klassische von agilen Projekten unterscheiden.
> - Warum Kommunikation ein essenzieller Baustein des Projektmanagements ist.
> - Wie Change Management funktioniert.
> - Warum sich externe Projektbegleitung lohnt.

7.1 Definitionen

Wenn Sie ein Legal Tech-Tool einführen wollen, eine Software auswählen oder Ihre Strategie ausarbeiten, erfolgt dies üblicherweise in Projektform. Es ist daher wichtig, die Grundlagen des Projektmavnagements zu kennen, um diesen Rahmen auch für die erfolgreiche Umsetzung Ihres Vorhabens nutzen zu können.

Was ist also ein Projekt? Die Definition im PMBOK (dem Leitfaden des Project Management Institutes) lautet: Ein Projekt ist ein zeitlich begrenztes Vorhaben zur Schaffung eines einmaligen Produktes, einer

Dienstleistung oder eines Ergebnisses (Project Management Institute (PMI) 2019).

Hinter diesem Satz verbergen sich mehrere interessante Themen. Zum einen ist das Vorhaben zeitlich begrenzt. Die Laufzeit eines Projekts könnte sowohl ein Tag sein als auch 10 Jahre, wichtig ist jedoch die zeitliche Abgrenzung. Gibt es kein Ende, ist es kein Projekt.

Innerhalb dieses festgelegten Zeitraums soll etwas geschaffen werden. Etwas Einmaliges, etwas Neues, es geht nicht um die täglichen Aufgaben der Linie. Das Wort „Projekt" stammt vom lateinischen „proiectum" („nach vorne geworfen'). Es bezieht sich auf die zeitliche Dimension: Aufgaben sind mit einer Zukunftsperspektive geplant. Zudem beinhaltet es die Einmaligkeit des Ergebnisses, das die Abteilung oder das Unternehmen nach vorne bringen wird.

Eine weitere Besonderheit eines Projekts ist die projektspezifische Organisation. Auch hier gibt es eine Abgrenzung zur Linientätigkeit. Ein Projekt hat seine eigene Organisation, bestehend aus Projektauftraggeber*in, Projektleiter*in und Projektteam. In agilen Projektformen ist die Rolle der Projektleiter*in manchmal weiter unterteilt bzw. auf mehrere Personen verteilt. Die Rollen können von unternehmensinternen bzw. -externen Personen besetzt werden. Herausforderung dabei ist es, die in der Linie bestehenden Hierarchien nicht nachzubilden. Dies ist herausfordernd, da es zu Konstellationen kommen kann, bei denen eine Mitarbeiter*in die Projektleiter*in ist und der*die Vorgesetzte die Rolle eines „einfachen" (Projekt-)Teammitglieds einnimmt.

In größeren Unternehmen gibt es oftmals engere Definitionen für ein Projekt. Um als Projekt zu gelten, erfordert das Vorhaben z. B. ein festgelegtes Minimumbudget, eine Mindestlaufzeit oder die Mitarbeit einer bestimmten Anzahl von Abteilungen. Werden die Kriterien erfüllt, kommt das Projektbudget üblicherweise aus dem strategischen Projektbudgettopf des Unternehmens (und nicht vom Abteilungsbudget). Es gibt besondere Gremien, die richtungsweisende Entscheidungen für das Projekt treffen und ein Project Management Office (PMO) prüft den laufenden Projektfortschritt. Vorhaben, die die Projektkriterien nicht erfüllen, können zwar ebenfalls in Projektform geführt werden, werden dann jedoch beispielsweise als Maßnahmen oder Kleinprojekte bezeichnet.

Und was ist Projektmanagement? Die PMBOK-Definition lautet im Original: „the application of knowledge, skills, tools, and techniques to project activities to meet the project requirements." (Project Management Institute 2019)

> Als **Projektmanagement** wird alles bezeichnet, was im Ergebnis dazu führt, dass die Projektanforderungen erfüllt werden und das Projektziel erreicht wird.[1]

7.2 Klassisches und agiles Projektmanagement

Neben dem klassischen Projektmanagement hat sich mittlerweile das agile Projektmanagement für bestimmte Arten von Projekten etabliert, bewährt und zum Standard erhoben. Aber auch zwischen diesen beiden – oft polarisierend gegeneinander ausgespielten Varianten – gibt es Möglichkeiten, Projekte methodisch maßgeschneidert zu gestalten und umzusetzen.

7.2.1 Klassisches Projektmanagement

Im klassischen Projektmanagement (Abb. 7.1) wird das Projekt zu Projektbeginn detailliert geplant. Nach Definition der Projekt-Ziele und Nicht-Ziele sowie der dadurch besser möglichen Festlegung von Projektumfangs- (Scope) und Projektumwelt werden die einzelnen Projektschritte geplant.

Dafür werden zuerst grobe Phasen auf Arbeitspakete reduziert, um einen Überblick über alle Aufgaben zu bekommen, die zur Zielerreichung erforderlich sind. Danach werden zu den Aufgaben Aufwände geschätzt, die inhaltlichen und zeitlichen Abhängigkeiten der Aufgaben analysiert und die Aufgaben in eine lineare Abfolge gebracht.

---

[1] https://wirtschaftslexikon.gabler.de/definition/projektmanagement-pm-46130.

Abb. 7.1 Klassisches Projektmanagement

Die lineare Abfolge der Projektphasen mit jeweiligem Beginn und Ende verleiht diesem Vorgehen auch den Namen „Wasserfallmodell".

Auf Basis der Aufgaben werden erforderliche Teammitglieder und Skills definiert sowie sogenannte Meilensteine festgelegt. Danach wird die Projektorganisation geplant, Verantwortlichkeiten definiert und Aufgaben verteilt. Zudem wird über Spielregeln im Team und Kommunikationsstrukturen entschieden. Im letzten Planungsschritt werden Ressourcen und Kosten geplant sowie das Risiko analysiert. Alle Planungsschritte und Unterlagen werden in einem Projektplan festgehalten. Der Projektplan enthält sämtliche Unterlagen und ist nicht, wie oft angenommen, lediglich die grafische Darstellung aller Arbeitspakete.

Nach der Projektplanung beginnt das Projekt und der Projektfortschritt wird in regelmäßigen Kontrollintervallen überprüft. Sind alle Arbeitspakete abgearbeitet ist das Projekt abgeschlossen.

Um das Projekt zu planen und zu steuern kann sich der*die Projektleiter*In am sogenannten magischen Dreieck in Abb. 7.2 orientieren.

Die drei Dimensionen (engl. constraints) Budget, Zeit und Qualität stellen den Orientierungsrahmen für das Projekt dar. In der Projektplanung wird bei den Dimensionen auch von cheap, fast, good gesprochen. Alle drei Aspekte sind gleichzeitig nicht zu verwirklichen. Zwei Aspekte können gewählt werden, die dritte Dimension ergibt sich als Folge daraus. Will man also ein schnelles, günstiges Projektergebnis ist es notwendig Abstriche an der Qualität vorzunehmen. Eine andere Variante ist,

7 Projektmanagement 93

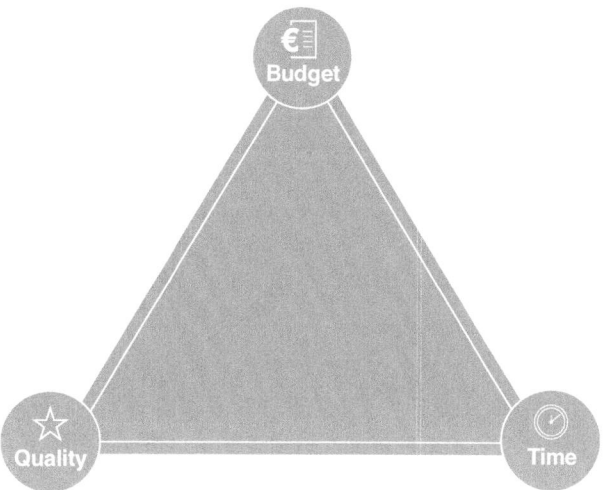

Abb. 7.2 Das magische Dreieck im Projektmanagement

dass ein gutes, günstiges Produkt realisiert wird, dieses allerdings nicht schnell umgesetzt werden kann. So werden auch in der Projektplanungsphase die Prioritäten transparent dargestellt.

Im späteren Projektverlauf wird das magische Dreieck bei Veränderungen, die den ursprünglichen Plan gefährden als Denkmodell verwendet. Beispielsweise die Erkrankung eines*r wichtigen Projektmitarbeiter*in. Indem auf die Genesung des*r Mitarbeiter*in gewartet wird, würde sich die Projektlaufzeit (Time) verlängern, aber das gleiche Projektergebnis (Quality) könnte zum gleichen Preis (Budget) erreicht werden. Liegt jedoch die Priorität auf dem Halten des Endtermins für das Projekt, ist die Dimension Zeit fixiert. Mögliche Variablen sind stattdessen Budget, z. B. könnte die Aufgabe des*r kranken Projektmitarbeiter*in auf eine*n externe*n Mitarbeiter*in ausgelagert werden, oder die Dimension der Qualität, die adaptiert werden kann, z. B. indem die Aufgabe des*r kranken Mitarbeiter*in gestrichen oder von jemand anderem, aufgrund fehlenden Know-Hows nur teilweise erledigt wird.

Die drei Dimensionen des magischen Dreiecks sind mittlerweile in verschiedenen Theorien differenziert und erweitert worden, beispielsweise

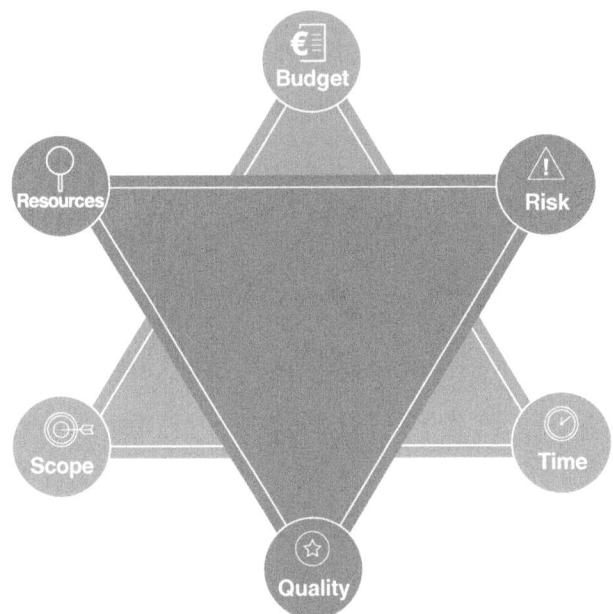

Abb. 7.3 Die 6 Beschränkungen des Projektmanagements. (Quelle: Eigene Darstellung und Erweiterung in Anlehnung an PRINCE2™)

spricht man in PRINCE2™[2] von den 6 Constraints (Die 6 Beschränkungen des Projektmanagements), zu sehen in Abb. 7.3.

Die Dimension Quality wurde in Quality und Scope unterteilt, die Dimension Budget differenziert in Budget/Costs und Ressources und zusätzlich wurde die Dimension Risk eingeführt. Ist man im Projekt bereit, das Risiko einzugehen, dass der*die erkrankte Projektmitarbeiter*in schnell genesen wird und die Aufgabe in kürzerer Zeit zu absolvieren in der Lage ist, braucht weder der kommunizierte Projektendtermin vorzeitig verschoben werden noch überlegt werden, ob ein*e externe*r Mitarbeiter*in beauftragt werden soll.

In weiteren Theorien wurde auch die Dimension Kundenzufriedenheit eingefügt.

---

[2] PRINCE2™ wurde 1989 von der britischen Central Computer and Telecommunications Agency (CCTA) als Regierungsstandard für Projektmanagement entwickelt und ist ein mittlerweile verbreiteter Standard für Projektmanagement.

Das klassische Projektmanagement ist wegen seiner (über die Jahre oft genauso umgesetzten) starren Interpretation der linearen Aufgabenabarbeitung immer häufiger in Kritik geraten. Das Bild von der*m Projektleiter*in, die die zu Projektbeginn definierten Aufgaben deterministisch (und oftmals mit stark hierarchischem Rollenverständnis) exekutiert und auf jegliche Veränderung aus dem Projektumfeld mit Abblocken reagiert wird, ist nicht mehr zeitgemäß. Als Pendant dazu hat sich das agile Projektmanagement entwickelt.

7.2.2 Agiles Projektmanagement

Während im klassischen Projektmanagement davon ausgegangen wird, dass das Projekt sich zum Projektstart vollständig planen lässt, arbeitet man im agilen Projektmanagement stattdessen in iterativen Schleifen. Prototypen oder sogenannte Minimum Viable Products (MVPs)[3] werden in kurzen Zeiträumen erstellt, um dazu Feedback zu sammeln. Nach einem Review – in dem auch „Lessons Learned" aus der Zusammenarbeit gesammelt werden – geht es in die nächste Iteration, die wieder mit Konzeption und Neubau oder Erweiterung des bestehenden Prototyps beginnt. So wird das Ergebnis „schleifenweise" verbessert, bis eine für alle Seiten zufriedenstellende finale Version vorliegt (Abb. 7.4).

Die Idee zu dieser Vorgehensweise stammt ursprünglich aus der IT, wo (bereits) Ende der 90er-Jahre das klassische Wasserfall-Vorgehen für die Softwareentwicklung als zu rigide und bürokratisch empfunden wurde. Im Jahr 2001 setzten sich 17 führende Softwareentwickler in den USA zusammen und verfassten das „Agile Manifest", das 4 Leitsätze und 12 Prinzipien enthält. (https://agilemanifesto.org/iso/de/manifesto.html 2019)

> **Die vier Leitsätze des agilen Manifests**
> 1. Individuen und Interaktionen sind wichtiger als Prozesse und Werkzeuge.
> 2. Funktionierende Software ist wichtiger als umfassende Dokumentation.
> 3. Zusammenarbeit mit dem Kunden ist wichtiger als Vertragsverhandlung.
> 4. Reagieren auf Veränderung ist wichtiger als das Befolgen eines Plans.

---

[3] https://www.agilealliance.org/glossary/mvp/.

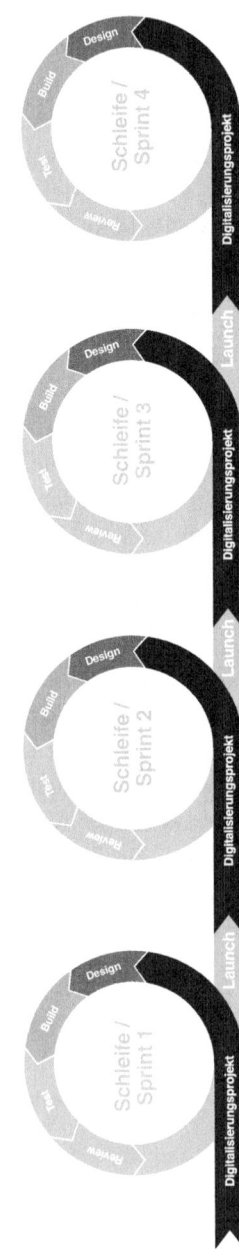

Abb. 7.4 Agiles Projektmanagement. (Quelle: Eigene Darstellung und Erweiterung in Anlehnung an Agile Alliance 2019)

Durch weniger Bürokratie und mehr Zusammenarbeit sollte die Softwareentwicklung effizienter gestaltet werden. Das Konzept ging auf und für Software- aber auch Produktentwicklung sind agile Projektmangementmethoden wie beispielsweise SCRUM (entstanden aus der Anwendung von Lean Management in der Softwareentwicklung) heute der Standard.

Ein weiterer interessanter Aspekt in agilen Methoden ist die Weiterentwicklung der Projektleiter˙innenrolle. Im SCRUM wird beispielsweise die Rolle und Aufgabe des˙r Projektleiter˙in auf mehrere Rollen und Personen aufgeteilt (https://www.scrumalliance.org/about-scrum/team 2019): Es gibt einen Product Owner, der für das Produkt/Projektergebnis inhaltlich verantwortlich ist. Er˙Sie vertritt die Interessen aller Stakeholder und legt den Fokus auf Funktionalitäten und auch Wirtschaftlichkeit des Projektergebnisses. Der Scrum Master ist für das Team zuständig. Er˙Sie sorgt dafür, dass das Team effizient und strukturiert arbeiten kann, steht als Moderator˙in und Vermittler˙in zur Verfügung, leitet die Retrospektiven (Rückblicke zum Abschluss jeder Iteration) und ist für organisatorische Fragen und Abläufe verantwortlich. Die dritte Rolle kommt dem Team als solches zu – hierarchielos, selbstorganisiert und eigenverantwortlich. Anstelle des˙r klassischen Projektleiter˙in organisiert und plant das oft interdiziplinäre Team die Iterationen und jede˙r bringt sich nach seinen˙ihren Stärken ein.

Ob eine agile oder klassische Vorgehensweise für ein Projekt passender ist, hängt von der Klarheit des Ziels und dem Komplexitätsgrad des Vorhabens ab. Die Entscheidung wird oft mit Hilfe der sogenannten Stacey-Matrix in Abb. 7.5 visualisiert (Angermeier 2018).

Beispielsweise werden auf dieser Basis Change-Projekte immer häufiger agil geführt. Das Ziel ist, sich über Iterationsschleifen daran heranzutasten, welche Maßnahmen die Veränderung (messbar) treffsicher begleiten um die nächsten Maßnahmen darauf basierend zu planen.

In einer dynamischeren, digitalisierten Welt sind die agilen Werte auch für Organisationen gesamt interessant und es gibt viel Streben nach agile(re)n Unternehmen (sogenannte „agile Organisationen"), die schnell und flexibel auf Veränderungen oder neue Anforderungen reagieren können. Kernelemente sind dabei Transparenz, Feedback und Dialog sowie ein Minimum an Bürokratie. Aber auch eigeninitiatives Verhalten und

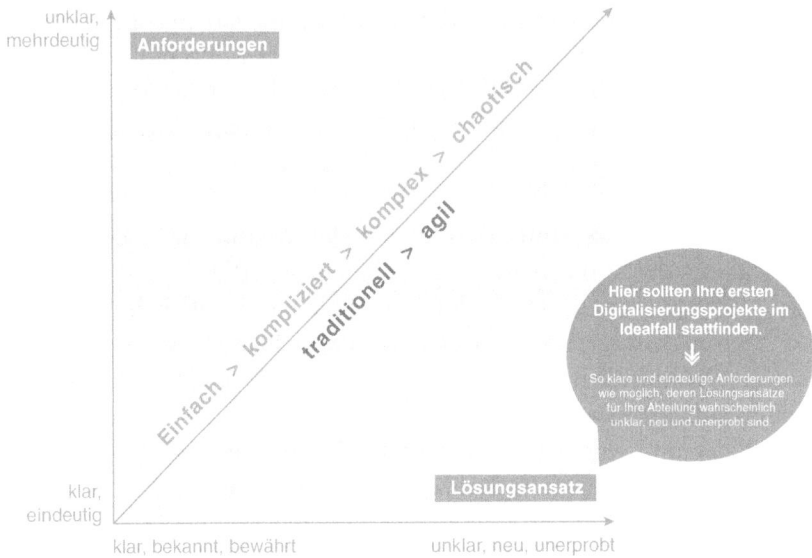

Abb. 7.5 Projektmanagement Zyklus. (Quelle: Eigene Darstellung und Erweiterung in Anlehnung an Angermeier 2018)

Verantwortung der Mitarbeiter*innen, die ihren Beitrag zum Unternehmenserfolg leisten als Kontrast zu Hierarchie und Silodenken. Diskutiert wird dabei auch die Führungsrolle, die sich in einer agilen Organisation vom Überwachen zum „Servant Leader" wandelt und die Mitarbeiter*innen zu proaktivem, verantwortlichem Handeln hinführen soll.

Der zum agilen Projektmanagement oft verbreitete Irrglaube ist, dass agile Projekte sich weniger strukturiert entwickeln und mit weniger Projektmanagement-Aufwand verbunden sind. Dem ist nicht so, da gerade die engen Iterationsschleifen ein fokussiertes und methodisch gut geführtes Vorgehen erfordern. Teilweise bedeutet dies einen größeren Aufwand als in klassischen Projekten, jedoch ist dieser Aufwand oftmals auf mehrere Personen – mit unterschiedlichen Rollen im Projekt – verteilt.

7.2.3 Hybrid, das neue klassisch

Mischformen aus klassischem und agilem Projektmanagement nennen sich „hybrid". Dabei gibt es verschiedene Ausprägungen. Meistens handelt es sich um ein klassisch geführtes Projekt, welches um agile Techniken erweitert wird. Beispielsweise könnte eine Phase des Projekts (die Softwareentwicklung) agil durchgeführt werden, während die restlichen Phasen klassisch abgewickelt werden. Oder es wird ein agiles Element innerhalb eines sonst klassischen Projekts angewandt wie zum Beispiel „Legal Design Thinking" Workshops in der Konzeptionsphase, Daily-Standup-Meetings oder Projektteammeetings zur Besprechung von „Lessons Learned". Ein weiterer Ansatz ist die Verwendung agiler Rollen, Aufgabenverteilungen und Verantwortlichkeiten in klassischen Projekten.

Da agile Techniken dem heute gängigen, modernen Arbeiten entsprechen, ist eine rein klassische Projektabwicklung kaum noch üblich. Viele agile Techniken haben sich als zielführend und effizient erwiesen und unterstützen zudem durch Leichtigkeit und Kollaboration sowie durch ungewohnte Kreativprozesse das Teambuilding und in weiterer Folge den Projekterfolg.

Üblicher Weise ist das aus unserer Erfahrung für Projekte in Rechtsabteilungen und Kanzleien auch der passende Ansatz. Ein klassischer Projektplan mit agilen Elementen in beispielsweise Analysephase (Bedürfniserhebung) oder Umsetzung. Wird eine Software gekauft/gemietet und implementiert werden individuelle Anforderungen (Customizing) manchmal gemeinsam mit dem Anbieter agil abgewickelt. Dieser Teil des Umsetzungsprojekts wird dann in der Regel vom Softwareanbieter geführt.

7.3 Kommunikation

Ein wichtiger Bestandteil guten Projektmanagements ist Kommunikation. Etwa 80 % der Aufgabe einer Projektleiter*in besteht aus Kommunikation. Kommunikation erstreckt sich dabei beispielsweise auf formale Kommunikation wie Statusberichte, informelle Kommunikation wie Konfliktlösung zwischen Teammitgliedern, Kommunikation in Form von Projektmarketing oder Kommunikation im Sinne von Definition und Nachhalten der Spielregeln im Projektteam. Seitens der Projektleiter*innen wird die Bedeutung des Themas Kommunikation für den Erfolg oftmals unterschätzt, weshalb hier die wichtigsten Punkte näher ausgeführt werden.

7.3.1 Kommunikation im Projektteam

Die Basis für ein motiviertes und gut funktionierendes Team ist aus unserer täglichen Erfahrung die Klarheit der Rollen und Aufgaben. Aus unserer Erfahrung ist es am besten dies bereits im Kick-Off Meeting zum Projektstart zu besprechen sowie auch die Erwartungen des*r Projektleiter*in an das Team oder einzelne Mitarbeiter*innen.

Bei großen Projekten werden die Verantwortungen in einem sogenannten Funktionendiagramm abgebildet, einer Matrix in der auf einer Achse die Aufgabenpakete aufgelistet sind und auf der zweiten Achse die einzelnen Projektteammitglieder. Bei jeder Aufgabe wird vermerkt, wer für die Durchführung verantwortlich ist, wer mitarbeitet, wer entscheidet und wer informiert wird. Durch die Klarstellung der Verantwortung werden Konflikte vermieden und eine Ressourcenplanung gestärkt. Bei kleineren Projekten würde der Aufwand der Erstellung eines solchen Diagramms nicht in Balance mit dem Nutzen stehen. Trotzdem sollte nicht gänzlich darauf verzichtet werden, Rollen und Verantwortung zu benennen und bei Bedarf zu diskutieren oder gemeinsam auszuarbeiten.

Generell geht es bei der Rolle eines Projektteammitglieds aus unserer Erfahrung vor allem darum, die Aufgaben zeitgerecht und in vereinbarter Qualität zu absolvieren, bei Schwierigkeiten diese aufzuzeigen und Feedback zu geben. Darüber hinaus ist der*die Projektmitarbeiter*in aber auch verantwortlich, Informationen zum Projekt in seinen*ihren Bereich außerhalb des Projekts weiterzugeben und relevante Fragen oder Informationen aus dem individuellen Bereich ins Projekt zu übertragen.

7.3.2 Kommunikation der Projektleitung

„Man kann nicht nicht kommunizieren." (Watzlawick et al. 1969) schrieb der Psychotherapeut und Philosoph Paul Watzlawick 1969. Sowohl Taten als auch deren Unterlassungen sowie Sprache und Körpersprache, bewusst oder unbewusst, sind Teil einer Kommunikation.

Als Projektleitung sollte man sich daher seiner Vorbildfunktion bewusst sein. Dabei ist nicht nur an verbale Äußerung zu denken, sondern aus unserer Erfahrung besonders non-verbale Kommunikation. Stellen Sie sich folgendes Szenario vor: Bittet die Projektleitung im Kick-Off Meeting die Projektmitglieder um Pünktlichkeit zu den Meetings und kommt danach selbst zu spät, hat dies einen Einfluss auf das Team und folglich auf das Projekt. Ein anderes Beispiel ist die Einforderung von Transparenz: Möchte die Leitung äußerste Transparenz im Team, ist es kontraproduktiv, wenn geheime Absprachen getroffen werden seitens der Leitung.

Ein essenzieller Bestandteil guter Kommunikation ist aus unserer Erfahrung außerdem, den Wissensstand im Projektteam für alle gleich zu halten. Dies erfolgt beim sogenannten Einordnen der Teammitglieder beim Kick-Off Meeting, bei dem die Projektleitung über den Hintergrund und die Projektziele informiert, sowie Erwartungen und Spielregeln im Team diskutiert werden. Da es sowohl üblich als auch sinnvoll ist, das Team oder einzelne Teammitglieder bereits vor dem Projektstart in die Planung oder Ausarbeitung der Vorgehensweise einzubeziehen, wissen einige also bereits mehr als andere. Umso wichtiger ist es daher, beim Kick-Off Meeting den Hintergrund nochmals vom Beginn an zu erzählen und so sicherzustellen, dass alle Beteiligten über den gleichen Informationsstand verfügen.

Ein weiterer Aspekt zur Sicherstellung des gleichen Wissensstands sind – so einfach es klingt – Protokolle zu Besprechungen. Beispielsweise können die wichtigsten Ergebnisse/Erkenntnisse eines Meetings sowie die „Next Steps" – immer versehen mit wer, was und bis wann – in einer E-Mail verfasst werden. Aus unserer Erfahrung kann das Protokoll auch während oder am Ende des Meetings erstellt werden – eventuell auch durch abwechselnde Autoren. Sehen alle den gleichen Bildschirm hat die schriftliche Dokumentation auch einen verbindlichen Charakter für die anwesenden Teammitglieder.

Zum Wissensstand im Projektteam zählt auch das Wissen über den aktuellen Projektfortschritt. Erfahrungswerte zeigen, dass eine visualisierte Darstellung am effektivsten ist.

> **Beispiele für die Visualisierung des Projektfortschritts**
> - Wasserfallpläne können mit einem Balken dargestellt werden, der den aktuellen Tag anzeigt.
> - Kanban-Boards mit entsprechenden Spalten für To-Do Listen.
> - Zusätzlich: „In Progress" und „Done" Spalten zur Klarstellung, wie die einzelnen Aufgaben von der linken Spalte über die mittlere Spalte in die rechte Spalte gelangen.
> - Verwendung von Collaboration Tools, die den Projektfortschritt digital anzeigen. Diese verfügen über die Visualisierung hinaus noch weitere Funktionalitäten wie eine gemeinsame Dokumentenablage und Chatfunktionen, die je nach Projekt- und Teamgröße sowie der geografischen Verteilung der Teammitglieder sinnvoll sein kann.

Die Projektleitung hat über die Verantwortung für den Prozess und der inhaltlichen Steuerung hinaus auch die Aufgabe, das Team zu führen. In der agilen Methodik SCRUM nennt sich diese Rolle Scrum Master. In allen Varianten geht es darum, dafür zu sorgen, dass das Projektteam arbeitsfähig ist und beispielsweise entsprechend Zeit für die Projektaufgaben bekommt, ohne von dringenden Linienaufgaben oder anderen äußeren Anforderungen gestört zu werden. Das Team sollte sich außerdem wohl fühlen und motiviert sein, was wiederum hohe Ansprüche an die soziale Kompetenz der Projektleitung stellt. Hier kommen besonders Einzelgespräche im Bedarfsfall in Betracht, aber auch die Organisation von Social Events oder feierlichen Meetings zu abgeschlossenen Meilensteinen oder Sprints. Die Projektleitung trägt während des Projekts die Führungsrolle, die in der Praxis oftmals nicht mit dem nötigen Bewusstsein wahrgenommen wird, da die inhaltliche Aufgabe höher priorisiert wird. Dieser Umstand ist besonders in juristischen Entitäten zu beobachten. Das Bewusstsein dieses Themas und dem Vorsatz, der Führungsaufgabe explizit Zeit zu widmen trägt viel zum Projekterfolg.

Passend zur Führungsaufgabe sei abschließend erwähnt, dass Konflikte in jedem Projektteam auftreten. Die Projektleitung sollte sich diesen stellen. Diese können mühsam und zeitaufwändig sein, so sind sie dennoch gleichzeitig ein positives Zeichen dafür, dass sich das Team weiterentwickelt[4]

---

[4] In seinem Phasenmodell für die Teamentwicklung hat Bruce Tuckman 5 Phasen definiert, die jedes Team durchläuft (Forming, Storming, Norming, Performing, Adjourning). Konflikte gibt es insbesondere in der Storming-Phase.

Abschließend kann die im Projektmanagement oft angewendete Formel (https://www.pmi.org/learning/library/effective-communication-better-project-management-6480 2019) zur Berechnung der Kommunikationskanäle genannt werden:

$$\text{Berechnung der Kommunikationskanäle} = \left(n(n-1)\right)/2$$

„n" steht für die Anzahl der Personen, die vom Projekt umfasst sind (Projektteammitglieder aber auch Stakeholder).

Sind 5 Personen beteiligt, kommuniziert jeder von ihnen mit 4 anderen. Insgesamt ergeben sich daraus (5(5−1))/2 = 10 verschiedene Kommunikationskanäle. Sind 8 Personen im Projektteam, gibt es bereits 28 Kommunikationskanäle.

Daraus lassen sich zwei Erkenntnisse ableiten:

- Kommunikation ist ein bedeutsames und nicht zu vernachlässigendes Thema bei der Realisierung von Projekten
- Jede*r neu hinzukommende Projektbeteiligte erhöht die Komplexität der Kommunikation exponentiell.

7.3.3 Projektmarketing und Kommunikation mit Stakeholdern

Grundsätzlich ist es gut, sein Vorhaben in der Organisation zu bewerben. Das geschieht durch Gespräche oder Präsentationen in verschiedenen Gremien (beispielsweise im Jour-Fixe anderer Abteilungen oder in verschiedenen Steering Committees) und kann sowohl durch die Projektleitung, durch Projektmitglieder oder Stakeholder erfolgen. Um das Projekt effizient zu bewerben ist die frühzeitige Festlegung eines Projektnamens sinnvoll. Ein solcher entwickelt sich über Zeit automatisch aber kann auch gleich zu Beginn definiert werden um das Projekt „auf den Punkt zu bringen" und Identität im Projektteam zu schaffen.

Bei umfangreicheren Projekten werden im Rahmen des Projektmarketings beispielsweise Projektnewsletter erstellt, Projektvernissagen organisiert, Videos angefertigt oder kleine Goodies mit aufgedruckten Projektnamen verteilt.

Projektmarketing erfüllt mehrere Zwecke. Einerseits die Positionierung innerhalb des Unternehmens wo Interesse geweckt wird aber auch Anknüpfungspunkte entstehen können. Oftmals sind Legal Tech-Tools auch für Abteilungen wie Einkauf, Vertrieb oder HR interessant. Möglicherweise können sogar Kosten pro User durch den Kauf von mehr Lizenzen beim Anbieter reduziert werden oder Implementierungskosten auf mehrere Kostenstellen verteilt werden, wenn das nötige Interesse sich über mehrere teilnehmende interne Gruppen erstreckt.

Ein weiterer Zweck ist die Motivation des Projektteams. Jegliches Projektmarketing vermittelt den Projektteammitgliedern – selbst bei kleineren Aufgaben oder Projektteilen – Teil von etwas Einzigartigem zu sein, das Unternehmen weiterzuentwickeln und die Zukunft aktiv mit zu gestalten.

Zu guter Letzt stellt Projektmarketing darauf ab, Stakeholder im Unternehmen über das Projekt und den aktuellen Fortschritt zu informieren. Sowohl die frühzeitige Einbindung als auch die laufende Kommunikation mit den verschiedenen Stakeholdern ist bedeutsam. Hier gibt es Modelle, in denen Stakeholder beispielsweise nach Einflusspotenzial kategorisiert werden (https://www.pmi.org/learning/library/stakeholder-management-task-project-success-7736 2019), um im Rahmen des Projekts gezielte (Kommunikations-)Maßnahmen für einzelne oder Gruppen von Stakeholdern zu planen und umzusetzen.

7.4 Change Management

Wird im Rahmen des Projekts ein Tool eingeführt oder werden Arbeitsweisen verändert, sollte man sich Gedanken machen, wie diese Veränderungen am besten unterstützt und begleitet werden können. Ziele sind eine möglichst reibungsfreie Einführung, hohe Akzeptanz und –

dem Projekt und dem Tool gegenüber – positiv eingestellte Mitarbeiter*innen.

> **Change Management** ist die Planung und Umsetzung von Aufgaben, die zur Veränderung des Unternehmens – durch die Umsetzung neuer Strategien oder Strukturen, der Einführung neuer Systeme oder der tiefgreifenden Änderung der Unternehmenskultur – führen sollen. (https://wirtschaftslexikon.gabler.de/definition/change-management-28354)

Zu großen Projekten werden in Organisationen parallel laufende Change Management-Projekte umgesetzt, die die einzelnen Projektschritte begleiten. Ist ein Projekt in der Startphase werden im Change Management-Projekt dazu Maßnahmen wie beispielsweise ein Informationsstand/Anlaufstelle oder eine Möglichkeit für anonymes Feedback umgesetzt, oder Workshops im World Café-Format initiiert. (Brown und Isaacs 2005) Bei kleineren Projekten sind die Change Management Maßnahmen üblicher Weise im Projekt integriert. (https://www.pmi.org/learning/library/integrated-change-management-5815 2019)

Die theoretische Grundlage für das Management der Veränderung ist, dass alle Menschen bei Veränderungen die gleichen Phasen durchlaufen. Das in diesem Zusammenhang am häufigsten verwendete Phasenmodell in Abb. 7.6 kommt ursprünglich von Elisabeth Kübler-Ross und ihrer Arbeit mit Sterbenden.

Auf die Phase der Verweigerung folgen Angst, Widerstand und Wut (oft verbunden mit Frust in einer rationalen Akzeptanz), die von der Phase emotionaler Akzeptanz und Trauer/Depression im „Tal der Tränen" abgelöst wird. Danach geht es bergauf und die Veränderung führt zu Öffnung, Akzeptanz und Commitment. Die Phasen werden grundsätzlich automatisch über Zeit durchlaufen aber durch Begleitung können Menschen unterstützt werden, in keiner der Phasen länger steckenzubleiben.

Das Change Management-Werkzeug ist Kommunikation. Dabei muss Kommunikation nicht immer aktiv im Sinne von Überzeugungsarbeit oder Aufklärung sein, sondern besteht auch im Erkennen, dass jemand –

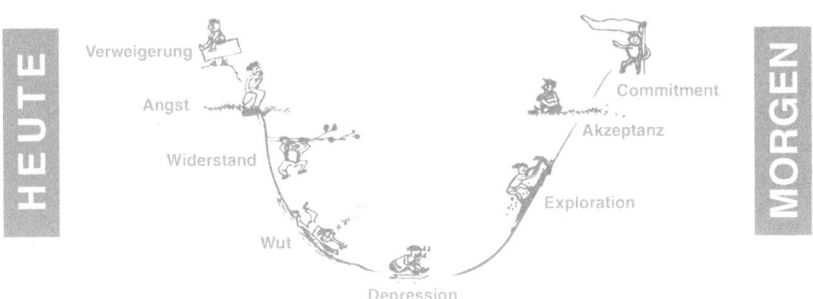

Abb. 7.6 Die Change-Kurve. (Quelle: Eigene Darstellung und Erweiterung in Anlehnung an Kübler-Ross 1969)

individuell oder als Team – eine Pause benötigt und die Veränderungen auf sich wirken lassen muss.

Die Lösung sowie auch die Herausforderung besteht in der gängigen Praxis darin, Betroffene zu Beteiligten zu machen. Die meisten Methoden fokussieren dabei auf Einbindung und basieren auf der Idee, jede Person ihren eigenen Sinn in der Veränderung finden zu lassen. Beispielsweise durch die Mitgestaltung von Prozessen, aber auch durch sowohl Erstellung als auch Nutzung von Rollenbeschreibungen, Trainings (eLearnings), Handbüchern oder Prozessbeschreibungen.

Wie im Kapitel Kommunikation geschrieben, erfordert die Aufgabe des Projektleiters auch ein gewisses Maß an sozialer Kompetenz, um die Veränderung gut zu begleiten und entsprechende Maßnahmen setzen zu können. Regelmäßige Blitzlichtabfragen im Projekt Jour-Fixe („Wie geht es euch?") können wertvolle Hinweise geben (die auch nicht notwendiger Weise unmittelbar ausdiskutiert werden müssen). Auch die Vorstellung der eigenen Arbeitsergebnisse im Projektteam sind bewährte Möglichkeiten.

Nicht nur das Projektteam, sondern auch die Projektleitung ist von der Veränderung betroffen. In der Rolle der Projektleitung ist es oft schwer, dem Widerstand anderer zu konstruktiv zu begegnen während man selbst mit kognitiven Dissonanzen beschäftigt ist. Es lohnt sich, sich als Projektleitung hin und wieder selbst zu fragen, wie man sich mit der Veränderung zurechtfindet. Aus der Metaperspektive heraus gilt es eine gute Balance zu schaffen zwischen den beiden Rollen als positive, vorantreibende Projektleitung und auch als Mitarbeiter*in, für den*die sich das Umfeld geändert hat.

7.5 Beratung: Vorteile externer Projektbegleitung

Sollten Sie sich bei Ihrem Legal Tech-Projekt von externen Berater*innen begleiten lassen? Mehrere Gründe sprechen dafür.

Der offensichtlichste Grund ist natürlich das theoretische Fachwissen und der Marktüberblick externer Partner. Die Berater*innen haben sich gründlich mit dem Thema Legal Tech in Theorie und Praxis auseinandergesetzt, kennen Best Practice und die Legal Tech-Softwareanbieter*innen. Eventuell haben sie bereits Kontakte zu den Anbietern*innen oder diese auch in anderen Projekten bereits aktiv erlebt, sodass Sie beispielsweise die Erfahrung gemacht haben, dass bei einem Anbieter die VerkäuferIn mehr verspricht als die IT-Entwicklern dann in der Umsetzung leisten kann.

Durch diesen Marktüberblick ist es dem*r Berater*in außerdem möglich, mehr Faktoren einzubeziehen als nur die reinen Funktionalitäten eines Tools: passt der Anbieter zum Unternehmen? Zum Start ist eine Softwareimplementierung ein gemeinsames Projekt zwischen Käufer und Tool-Anbieter. Aber danach gibt es immer wieder Berührungspunkte bei Weiterentwicklungswünschen oder beim Support. Hier geht es um Kommunikation, Struktur und Methodik aber natürlich auch um Persönlichkeit. Analog dazu sollte natürlich auch der*die Berater*in zum Unternehmen passen!

Soll ein Tool implementiert werden, ist die IT-Abteilung ein wichtiger einzubindender Partner. Entscheidungen, ob ein Tool „on premises" installiert werden muss oder eine „Cloud-Installation" akzeptabel ist müssen von sowohl fachlicher als auch IT-Seite beleuchtet und entschieden werden. Ein*e gute*r Berater*in kann hier die Rolle der Moderation einnehmen, Best Practice einbringen und mit dem Wissen beider Seiten eine Entscheidungsfindung erleichtern.

Ein weiterer Vorteil ist, dass externe Partner*innen das Vorgehen und den grundsätzlichen Prozess bereits kennen. Der*Die Berater*in weiß, welche Schritte üblicher Weise länger dauern – beispielsweise die finale Entscheidung für einen Anbieter aus einer bereits kleinen Auswahl – und wo üblicherweise zu wenig Zeit investiert wird – beispielsweise bei der Bedürfnisanalyse.

Bei vielen Juristen*innen sind Perfektion und Sachorientierung Teil des Fokus. Ein Projekt voranzutreiben und Menschen mitzunehmen oder für eine Idee zu begeistern sind weitere Dimensionen. Ein*e passende*r Berater*in kann diese Rolle übernehmen oder die Projektleitung darin unterstützen.

Der letzte Punkt, der für eine externe Begleitung spricht, liegt beim Aufwand. In der Tool-Recherche wurde bereits erwähnt, dass durch externe Beratung zugleich ein Marktüberblick erworben wird. Aber auch in der Umsetzung fallen hohe Aufwände an. Es geht um Prozesse, Standardisierungsmöglichkeiten und das Projektmanagement. Und insbesondere für Rechtsanwaltskanzleien zielt eine Digitalisierung auf Optimierung des fakturierbaren Arbeitsaufwandes ab.

In größeren Unternehmen können manchmal Projektleiter*innen für Projekte zur Verfügung gestellt werden. Das Aufgabengebiet beschränkt sich jedoch meistens auf reines Projektmanagement und inkludiert nicht die inhaltliche Arbeit, Berater*innen können – im besten Fall – beide Dimensionen abdecken. Die Unterstützung bei der Implementierung kann dabei in unterschiedlichen Rollen erfolgen:

1. der*die Berater*in übernimmt die Projektleitung und führt das Projekt (ggfs. auch inhaltliche Mitarbeit).
2. der*die Berater*in unterstützt die Projektleitung als Projektassistenz im Projektmanagement (und ggfs. auch inhaltlich).
3. der*die Berater*in unterstützt die Projektleitung als Projektcoach punktuell (im Projektmanagement und ggfs. auch inhaltlich).

Ihr Transfer in die Praxis

- Überlegen Sie sich zum Start eines Legal Tech-Projekts den Projektrahmen. Beziehen Sie dabei das zukünftige Projektteam ein und diskutieren Sie, wie Sie gemeinsam arbeiten möchten. Ein klassischer Projektrahmen ist üblicherweise sinnvoll, es sollten jedoch agile Elemente einfließen.
- Seien Sie sich bewusst, dass für eine erfolgreiche Projektumsetzung zur inhaltlichen Dimension auch eine soziale Dimension stößt.
- Definieren Sie Maßnahmen zur Kommunikation und zur Begleitung der Veränderung und betreiben Sie aktives Stakeholdermanagement.

Literatur

Agilemanifesto.org. 2019. https://agilemanifesto.org/iso/de/manifesto.html. Zugegriffen am 11.11.2019.

Angermeier, Georg. 2018. Stacey-matrix. https://www.projektmagazin.de/glossarterm/stacey-matrix. Zugegriffen am 11.11.2019.

Brown, J., und D. Isaacs. 2005. *The world café. Shaping our futures through conversations that matter.* Oakland, CA: McGraw-Hill Professional.

Bundesministerium des Inneren. 2018. Handbuch für Organisationsuntersuchungen und Personalbedarfsermittlung. https://www.orghandbuch.de/OHB/DE/Organisationshandbuch/7_Management/73_Change_Management/change_management_inhalt.html. Zugegriffen am 30.10.2019.

GPM Deutsche Gesellschaft für Projektmanagement e. V. Hrsg. 2019. *Kompetenzbasiertes Projektmanagement (PM4), Handbuch für Praxis und Weiterbildung im Projektmanagement.* Nürnberg: GPM Deutsche Gesellschaft für Projektmanagement. ISBN 978-3-924841-77-5.

Hall, Anja. 2018. Ohne Strategie. https://www.lto.de/recht/kanzleien-unternehmen/k/studie-legal-tech-rechtsabteilung-einsatz-strategie-unternehmen-kanzlei/. Zugegriffen am 29.10.2019.

John, P. 1998. *Kotter: Chaos, Wandel, Führung. (Leading Change).* Berlin: Econ. ISBN 3-430-15663-7.

Kane. 2015. Strategy, not technology, drives digital transformation. Cambridge, MA: MIT Sloan Management Review and Deloitte University Press.

Kübler-Ross, Elisabeth. 1969. *On death and dying. What the dying have to teach doctors, nurses, clergy, and their own families.* New York: Macmillan.

Project Management Institute (PMI). 2019. https://www.pmi.org/about/learn-about-pmi/what-is-project-management. Zugegriffen am 28.10.2019.

Rajkumar, S. 2010. Art of communication in project management. Paper presented at PMI® research conference: Defining the future of project management, Washington, DC, Project Management Institute, Newtown Square, PA.

Ries, Eric. 2011. *The lean startup: How today's entrepreneurs use continuous innovation to create radically successful businesses.* New York: Crown Business, ISBN 978-0-307-88789-4.

Scrum Alliance®. 2019. https://www.scrumalliance.org/about-scrum/team. Zugegriffen am 11.11.2019.

Vogwell, D. 2003. Stakeholder management. Paper presented at PMI® global congress 2003 – EMEA, The Hague, South Holland, The Netherlands, Project Management Institute, Newtown Square, PA.

Wanner, M.F. 2013. Integrated change management. Paper presented at PMI® global congress 2013 – EMEA, Istanbul, Turkey, Project Management Institute, Newtown Square, PA.

Watzlawick, P., J.H. Beavin, und J.D. Don. 1969. Menschliche Kommunikation. Huber Bern Stuttgart Wien 1969. https://www.agilealliance.org/glossary/mvp/. Zugegriffen am 28.10.2019.

8

Marktüberblick

> **Was Sie aus diesem Kapitel mitnehmen**
> - Eine konkrete Auflistung einiger Unternehmen, welche Legal Tech bereits erfolgreich in ihr Konzept integriert haben.
> - Wie Legal Tech bereits heute in der Praxis eingesetzt wird.
> - Einblick in die Legal Tech Labs und was in ihnen erforscht wird.
> - Wie sich Legal Tech Labs zusammensetzen können.

Nachdem wir Ihnen nun das nötige Know-how sowie Tipps und Tricks aus unseren Erfahrungen mit auf den Weg gegeben haben, möchten wir Ihnen die Best Practices vorstellen. Dabei werfen wir einen Blick in die unterschiedlichsten Rechtsordnungen, Märkte und Businessmodelle, um Ihnen so die verschiedenen praktischen Legal Tech-Ansätze, Konzepte und Projekte näherzubringen.

8.1 Legal Tech in Österreich

Viel geschieht in der Legal Tech-Welt Österreichs. Die kleine Alpennation hat einiges an Legal Tech Lösungen und Innovation Hubs zu bieten, ergänzt durch eine äußerst kreative Ecke der Anwaltschaft. Die Best

Practices zeigen deutlich, dass der Kreativität keine Grenzen gesetzt sind und dadurch die verschiedensten Arbeitsbereiche bereits ordentlich hinterfragt und teilweise revolutioniert wurden. Auch eine Vielzahl an unterschiedlichsten Legal Tech-Tools wurde dort erschaffen, so etwa die „Legal Tech Landscape Austria", die einen guten Überblick gibt (Abb. 8.1).

Im Folgenden stellen wir Ihnen einzelne Tools vor, die zeigen wie Legal Tech in der Praxis neuen Wind in den Anwaltsalltag bringen.

Meinanwalt.at (MeinAnwalt.at 2019) – Dies ist die erste derart ausgestaltete RA-Plattform, die Erfahrungsberichte sowie auch Bewertungen und Feedback der Klienten*innen beinhaltet und dadurch den Usern bei der Suche nach der passenden Kanzlei bzw. dem richtigen Unternehmen unterstützen. Die Plattform zählt über 6000 Rechtsanwälte*innen und deckt über 90 unterschiedliche Rechtsgebiete ab. Die Suche kann dabei nach Rechtsgebieten, Themengebieten, Personen oder Referenzen erfolgen. Ganz nach Bedarf und Geschmack des Users. Die vorliegenden Referenzen sollen dabei eine Hilfestellung sein bei der Beurteilung. Zudem

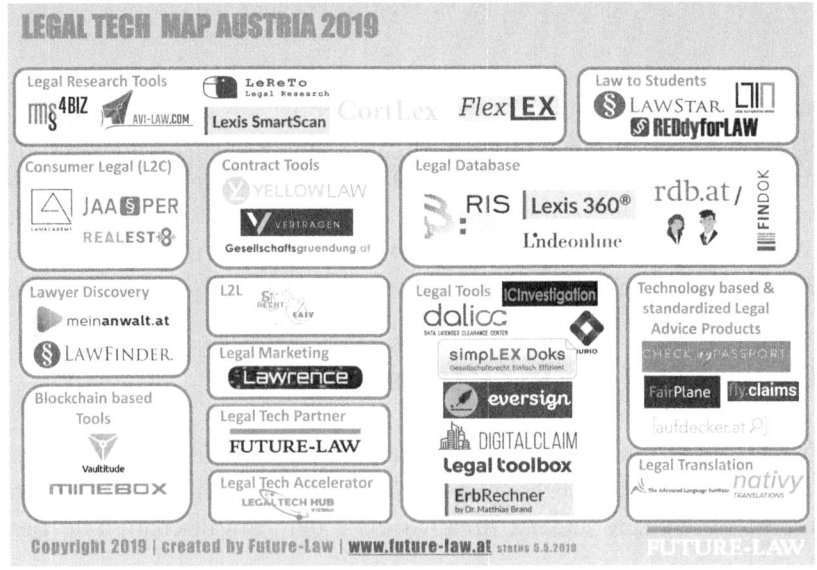

Abb. 8.1 Legal Tech Landscape Austria

bietet die Plattform Fix-Tarife an. Dies bietet den Benutzer*innen eine grundlegende Sicherheit, denn gibt es keine Zweifel an den Kosten oder dem Leistungsumfang.

Ein weiteres bekanntes Tool ist FairPlane (Fairplane.at 2019) – dieses Tool bietet Fluggästen die Möglichkeit, sich schnell und einfach ihre Chancen zu errechnen bezüglich allfälliger Fluggastrechte im Falle von Flugverspätung, Ausfall etc. Ursprünglich wurde das Start-up in Wien von den zwei Geschäftsführern des Verbraucherschutzportals gegründet und umfasst nun mehr als 30 Mitarbeiter*innen. Die User tragen dabei kein Kostenrisiko im klassischen Sinne. Zudem steht bei der Bearbeitung Transparenz im Fokus. Die User haben lediglich einen zuvor bestimmten finanziellen Beitrag zu leisten. Dies allerdings nur unter der Bedingung, dass der Schadenersatzanspruch auch wirklich erfolgreich vor Gericht durchgesetzt worden ist. Dabei werden die Elemente Transparenz und Risikominimierung unterstrichen.

Eine tragende Rolle bei der Digitalisierung kommt Manz zu. (Manz.at 2019) – Manz bietet Benutzer*innen ein breties Spektrum an Lösungen für Datenrecherche, InfoDienste, Legal Tech Tools zur Erleichterung des Arbeitsalltags und der Kommunikation mit anderen. Dabei bündelt Manz die einzelnen Kanäle und schafft einen vereinfachten Zugang. Im Vordergrund steht eine Bündelung aller Kanäle, wobei Wissen einfach, schnell und kostengünstig zugänglich gemacht wird.

Ein anderes österreichisches Legal Tech Konzept ist LeReTo. (LeReTo 2019) Das Tool ermöglicht es, dass ein Sachverhalt durchleuchtet wird und automatisch die darin zitierten Quellen erkennt. Die zitierten Quellen werden sodann in einem pdf. Dokument zugänglich gemacht. So behält man stets den Überblick über die Gesetze, Judikate und sonstigen zitierten Elemente. Fokus liegt dabei auf einer Vereinfachung der Recherche durch Automatisierung.

Ein weiteres Legal Tech Tool aus Österreich ist simpLEX Doks. (simpLEX Doks 2019) Eine andere Form des Firmenbuchs. Individualisierte Firmenbuchdokumente sind in einfach zu editierenden Word-Dokumenten erstellt. Darin enthalten sind Anträge, Gesellschafterbeschlüsse, Stimmrechtsvollmachten etc. Das Dokumentenpaket wird automatisiert erstellt und ist völlig nach Ihren Bedürfnissen geschneidert. Die dahinterstehende

Datenbank wird von Juristen˙innen stets gewartet und auf dem aktuellsten Stand gehalten.

Auch im Bereich der Vertragserstellung sind innovative Lösungsansätze zur Effizienzsteigerung zu finden. So hat beispielsweise Yellow Law (Yellow Law 2019) es sich zum Ziel gemacht den Benutzer˙innen Verträge einfach und sicher zum „Selber machen" zur Verfügung zu stellen. Dabei umfasst es klassische Verträge sowie auch Behördenansuchen oder Gerichtsanträge. Aufgrund der individuell getätigten Eingaben erstellt das Programm von Yellow Law automatisch den gewünschten Vertrag. Die verwendeten Vorlagen basieren auf langjähriger juristischer Erfahrung und Know-How, wobei die Macher davon überzeugt sind, dass sich diese Investitionen lohnen werden. Standardverträge können dadurch flexibel, schnell, transparent und kostengünstig erstellt werden.

8.2 Legal Tech in Deutschland

Ein Blick nach Deutschland lässt auch einige sehr geniale „Best Practices" zum Vorschein treten, die wir euch an der Stelle etwas näher bringen wollen.

Bereits 2013 machte es sich das Team von Jurato (Jurato 2019) zum Ziel Menschen den Zugang zum Recht einfacher zu machen, denn nach wie vor ist es so, dass eine große Anzahl der Menschen vor undurchsichtigen Anwaltskosten zurückschreckt und dann doch lieber auf die Durchsetzung verzichtet. Das Portal stellt Rechtsberatung online zur Verfügung. Die User wählen zwischen den einzelnen Rechtsgebieten aus, können sodann das für Sie genau richtige Paket kaufen und zudem im Vergleich den˙die richtige˙n Rechtsberater˙in wählen.

Ein weiteres Feature bietet legalBase (LegalBase 2019) (LegalBase wurde aus der Insolvenz von Legalzoom (https://www.legalzoom.com/) übernommen) – das Portal hat die veränderten Bedürfnisse der User erkannt. So ist es möglich aus verschiedensten Produkten und Rechtsberater˙innen zu wählen. Nach getroffener Auswahl läuft für Kunden˙innen alles automatisiert ab. Das Portal bietet einen ständig aktualisierten Status in der Rechtsangelegenheit bis zum Vorliegen des Ergebnisses.

Den Slogan „Kanzlei der Zukunft" haben sich die Köpfe von rightmart (Rightmart 2019) zu Eigen gemacht. Das Team hat sich mit den Verbraucherrechten auseinandergesetzt und kam zum Ergebnis, dass es sinnvoller, effektiver und angenehmer ist mittels einer Software juristische Expertise hinsichtlich außergerichtlicher und auch gerichtlicher Streitigkeiten zu liefern. Im Vordergrund steht dabei die stetig weiter entwickelnde Automatisierung des Ablaufs.

Ein weiteres Beispiel für äußerst innovatives Vorgehen hat Ernst&Young Law an den Tag gelegt als es im September 2018 das Unternehmen Riverview Law (Riverview Law 2019) kaufte. Das Unternehmen umfasst nicht nur Technologie Bereiche, sondern hat auch ein eigenes Research Centre, Media Center und kooperiert eng mit Juristen˙innen. Sie sind die Experten bei der Schaffung von Plattformen, die es schaffen schwer berechenbare „Rechtsarbeit" in skalierbare technologische Modelle zu gießen. Durch das Konzept soll nicht nur die Anwendung, sondern auch die Erschaffung von neuesten Modellen, die Recht und Technologie verbinden, vereinfacht werden.

8.3 Legal Tech in Großbritannien

Bereits 2016 hatte die Wirtschaftskanzlei Freshfields Bruckhaus Deringer eine Kooperation zu einer rein auf Software basierenden Due Diligence mit LEVERTON (Leverton August 2018) geschlossen. Das Unternehmen setzte dabei einen großen Schritt in die Welt der Technologie. Bei der Software spielen disruptive deep learning sowie machine learning Systeme eine große Rolle, denn durch diese wird es erst ermöglicht die Daten zu extrahieren, zu analysieren und (weiter zu)verarbeiten.

Lexoo (Lexoo 2019) ist ein in London basiertes Legal Tech-Unternehmen, das einen großen Marktplatz für Firmen bietet, um spezialisierte Anwälte für diverse Rechtsfragen schnell und kostengünstig zu konsultieren. Durch die Anmeldung in einer Datenzentrale werden durch KI gesteuerte Prozess die besten Lösungen präsentiert. Das Konzept bindet auch eine klassische Komponente ein, denn besteht die Möglichkeit, sich 30 Minuten mit der ausgewählten Person zu unterhalten, sodass eine Basis geschaffen werden kann für die künftige Zusammenarbeit.

Luminance (Luminance 2019) ist ein britisches Unternehmen, spezialisiert auf die Analyse von Dokumenten anhand von Artificial Intelligence und Machine Learning. Luminance richtet seine Dienste sowohl an kleinere Anwaltskanzleien als auch große Rechtsfirmen im englischsprachigen Raum. Das Unternehmen setzt stark auf Algorithmen sowie andere neueste technische Entwicklungen. Das Tool soll es ermöglichen Rechtsdokumente digital zu erfassen und Textsuche durchzuführen. Durch die ersten beiden Prozesse erkennt das System aufgrund von wiederzuerkennenden Mustern Standardklauseln. Weiteres ermöglicht das System es Mustern aufzudecken, welche es durch spezifisch isolierte Vorlagen zu erkennen vermag.

Libryo (Libryo 2019) ist eine Datenbank mit allen verfügbaren Rechtstexten. Komplett digitalisiert und immer auf dem neuesten Stand. Es ermöglicht es der anzuwendenden Person ohne lange Recherche die notwendigen Rechtsgrundlagen vorliegen zu haben. Viel Zeit wird investiert in das Finden der relevanten Grundlagen um entweder ein Rechtsargument aufzubauen oder sich schlichtweg rechtskonform zu verhalten. Diesen Zeitaufwand einzusparen hat Libryo sich zum Ziel gesetzt. Es fügt täglich neue Rechtstexte zu seiner Datenbank hinzu und ist mittlerweile in 64 Ländern erhältlich.

CrowdJustice (CrowdJustice 2019) ist eine Crowdfunding-Plattform in Großbritannien und den USA für Projekte zur Verbesserung des Zugangs zum Rechtssystem. Es handelt sich dabei nicht um eine besonders weit entwickelte Form der künstlichen Intelligenz, dennoch ist durch das Tool gut sichtbar, dass selbst einfach strukturierte technologische Konzeptionen einen starken Einfluss auf ein Rechtssystem haben können. Insgesamt wurden bereits mehr als zehn Millionen Pfund von über 200.000 Unterstützern gesammelt und es werden täglich mehr.

> **Beispiel**
>
> Wie Sie erkennen können, gibt es eine weltweite Entwicklung in der Digitalisierung und strategischen Weiterentwicklung im Technologiebereich. Die einzelnen Unternehmen und Werkzeuge sind meist speziell auf die Besonderheiten des Rechtssystems, der Umgebung, des Unternehmens und der Aufgabengebiete angepasst.

8.4 Ein Blick über die Ozeane

Nicht nur der europäische Legal Tech-Markt erarbeitet eine Vielzahl an Strategien und Lösungen, sondern der anglo-amerikanische und asiatische Markt zeigt bereits, welche Möglichkeiten ausgeschöpft werden können. Vielfach werden neuartige Geschäftsmodelle in unabhängigen Gesellschaften mit eigenem Management und System sowie Workflows aufgesetzt. Ganze Tech-Unternehmen werden eingekauft bzw. Developer-Abteilungen aufgebaut.

8.4.1 Asien

Eine Kanzlei aus Asien hat sich Legal Tech folgendermaßen zu Eigen gemacht: Fareez Shah & Partners hat für sich erkannt, dass viele Tech-Tools zu teuer sind bzw. nicht ganz passend für den eigenen Arbeitsbereich. Das Unternehmen verwendet eine bunt gemischte Palette an Tech Tools, die teils mit wenig starker KI Akzentuierung ausgestattet sind und teils wiederum mehr Elemente dessen aufweisen. So verwenden sie unter anderem Trello (Trello 2019), um das Projektmanagement einfach, visuell und flexibel zu organisieren. Ferner findet G Suite (G Suite 2019) Anwendung, wenn es um die Planung des Business Kalenders geht. Gmail, Docs, Drives, Calendar etc. alles auf einen Blick für die Kanzlei. Weiteres verwendet die Kanzlei Core Matter (Core Matter 2019) für das File Management und Accounting. (https://lawtech.asia/2019)

Natürlich nicht zu vergessen: DLA Piper. Das Unternehmen wird bei Exari angepriesen. Exari (Exari 2019) ist ein Expertensystem zur effizienten Vertragsbearbeitung. Die Software verspricht Verträge einfach zu erstellen, zu bearbeiten und zu automatisieren. In anderen Worten: easy-to-use-platform. Daten aus den Verträgen sind einfach zu finden, Abänderungen bedürfen keines großen Aufwandes und automatische Erinnerungen helfen dabei den Überblick zu bewahren.

Codelex (Codelex 2019) ist ein Legal Tech Unternehmen, welches es sich zur Aufgabe gemacht hat verschiedene Länder und Projekte zu verbinden. Codlex beherbergt eLawyer, Lexub und Codelex. Ersteres wurde speziell für den mongolischen Markt produziert. Es handelt sich dabei um eine Kanzleimanagement-Software, die erstmals im Mai 2019 gestartet wurde. Die Software unterstützt die Kanzleien bei repetitiven Prozessen und Arbeitsabläufen, wobei auch Leitlinien für einen besseren Prozess zur Verfügung gestellt werden. Interessanterweise ist es nicht nur ein Ziel eine Effizienzsteigerung im klassischen Sinne zu erreichen, sondern auch eine Plattform zu bieten, welche es in der Zukunft ermöglicht Inhalte zu teilen und so den gesamten anwaltlichen Arbeitsmarkt mit Wissen zu versorgen. Dadurch soll auch die Qualität und Effizienz der Arbeiten in der Anwaltsbranche gesteigert werden. Ein weiteres Projekt ist Lexub. Das Tool ist darauf konzipiert, „Templates and Examples" zu gewinnbringenden Systemen zu entwickeln. Es soll situativer Einblick gewährt und Wissen geteilt werden, wobei dies auf der Adoption einer „File sharing economy" basiert. Auch hier steht die Weiterentwicklung der Anwaltsbranche in der Gesamtheit im Vordergrund.

8.4.2 Australien und Neuseeland

Chapman Tripp hat mit Zeren (Zeren 2019) ein Innovationsbusiness geschaffen, welches dem Motto folgt „Legal. Done Differently". Das Unternehmen verfügt über Software, welche moderne Compliance Systeme anbietet und dabei auch künstliche Intelligenz einsetzt. Zu letzterem haben sie sich mit Luminance zusammengeschlossen. In Zusammenarbeit versuchen sie durch den Einsatz von Machine Learning Technologie die M&A due diligence zu vereinfachen, schneller und transparenter zu gestalten.

Ein weiteres sehr innovatives Vorgehen zeigt Westpac (Westpac 2019) aus Australien. Die Bank hat ein eigenes Tech Hub installiert. Dieses ist im Bereich der Compliance, Sekretariat und Legal Team angesiedelt. Das Team fungiert als interne Transformationsgruppe, die in Zusammenarbeit mit Management Beratern*innen und Technologie Analysten*innen neue Ideen in Produkte umwandelt. Und obendrein die Juristen*innen im Bereich des Design Thinkings sensibilisiert.

Das Team der Juristen*innen und Wissenschaftler*innen von Microsoft Australia hat in Kooperation mit der Gruppe aus Neuseeland eine

Bieter-Plattform gegründet. Auf dieser Plattform können externe Beratungen, Arbeitsaufgaben, potenzielle Projekte etc. gehandelt werden. (FT Reports 2018)

LEAP Legal Software (LEAP 2019) ist ein in Australien gegründetes Unternehmen, das mit Hilfe von „Artificial Intelligence Software" und Digitalisierung von Dokumenten diverse Vorgänge im Arbeitsbereich von Rechtsexperten vereinfachen und beschleunigen soll. Auch dieses Tool fokussiert den Aspekt der effizienteren Gestaltung des Anwaltsalltags. Durch die Anwendung von LEAP soll die Handhabung der Dokumente und auch das Arbeiten darin vereinfacht werden, ohne unnötige Kosten zu verursachen.

Lexvoco (Lexcovo 2019) ist ein vielschichtiger Marktplatz, welcher speziell für kleinere Anwaltskanzleien konzipiert ist. Der Marktplatz soll unter anderem Anwälte*innen vermitteln ohne selbst hohe Kosten – besonders in Form von aufgewendeter Zeit – für Kundenakquise in Kauf nehmen zu müssen. Darüberhinaus bietet Lexvoco eine Form der Neuverteilung von Aufträgen. Es können durch die Ausgestaltung der Plattform Aufträge von renommierten Firmen an kleinere Kanzleiorganisationen vermittelt werden. Das Unternehmen gestaltet zudem eigene Apps sowie anderen technologisch affine Software Konzepte für deren Kunden*innen. Einen weiteren Teil des Unternehmenskonzeptes stellt die Beratung und Programmentwicklung im Bereich der „Legal Operations" dar. Unter dem Begriff ist unter anderem folgendes zu verstehen: Finanzen, Arbeitsabläufe, strategische Planung, Projektmanagement, Künstliche Intelligenz, technologische Weiterentwicklung, Support Modelle, Datenanalyse etc.

LegalVision (LegalVision 2019) wurde mit dem Ziel ins Leben gerufen, die Rechtsberatung zu digitalisieren. Dadurch soll dem Kunden deutlich mehr Komfort geboten werden, da dieser beispielsweise schon vorher bestimmen kann, welche Beratung in Anspruch genommen werden möchte. Dies birgt eine selbstbestimmte Kostenanalyse sowie Transparenz in sich. Das Unternehmen bietet deren Service in sämtlichen Rechtsgebieten an, wobei in jedem Bereich eines Rechtsgebiets individuelle Leistungen angeboten werden und dadurch auf die Spezifität Bedacht genommen wird.

8.4.3 USA

Bloomberglaw (Bloomberglaw 2019) ist eine im Jahre 2009 gegründete Datenbank, die sich der Online-Rechtsrecherche gewidmet hat. Hier werden Rechtsanwält*innen, Jurastudent*innen und anderen Jurist*innen Rechtsinhalte, Unternehmensinformationen und andere juristische Neuigkeiten maßgeschneidert vermittelt.

Dentons als eine dezentralisierte multinationale Kanzlei betreibt mit dem in Palo Alto ansässigen Unternehmen NextLaw Labs (NextLaw Labs 2019) und NextLaw Ventures (NextLaw Ventures 2019) gleich mehrere eigene Unternehmen als Inkubatoren für die eigene digitale Transformation. Die Unternehmen haben das Ziel die Rechtsbranche von Grund auf neu zu gestalten und Disruption wird mehr als noch groß geschrieben.

Legal.io (Legal.io 2019) ist ein online Marktplatz der es Jurist*innen ermöglicht, ihre Dienste an ein weit reichendes Klientel anzubieten. Hier können sowohl Privatpersonen, als auch Rechtsfirmen schnell und unkompliziert den für sie passenden Rechtsexperten oder die passende Rechtsexpertin finden.

Legalzoom (Legalzoom 2019) wurde mit der Intention gegründet, die rechtlichen Dinge des Alltags zu vereinfachen. Auf der Platform ist es Privatpersonen möglich eine Reihe juristischer Dokumente selbst zu erstellen und diese zu verwalten. Sollte es einmal doch rechtliche Fragen geben, steht ein Anwalt jederzeit zur Verfügung.

LexMachina (Lexmachina 2019) ist eine im Jahre 2006 gegründete Tochterfirma von LexisNexis die sich auf die Entwicklung von Rechtsanalysesoftware spezialisiert. Das Unternehmen startete als Projekt an der Stanford University in der Rechts- und Informatikabteilung der Universität, bevor es als Startup in Menlo Park, Kalifornien, gegründet wurde. Ravel Law (Ravel Law 2019) ist ein weiteres Unternehmen, das unter dem Dach von LexisNexis gegründet wurde. Ravel Law hat sich zum Ziel gesetzt computergestützte Rechtsrecherchen kostenlos an alle Nutzer anzubieten.

RocketLawyer (Rocket Lawyer 2019) ist ein 2008 gegründetes Legal-Tech-Unternehmen aus San Francisco, welches sich auf Einzelpersonen und kleine Unternehmen als Zielgruppe fokussiert hat. Die Hauptaufgabe des Unternehmens ist die online Rechtsberatung in den Gebieten Erbschaftsrecht, rechtliche Gesundheitsdiagnostik und Überprüfung von Rechtsdokumenten allgemeiner Natur.

Transperfect (Transperfect 2019) wurde bereits 1992 in New York gegründet und zählte 2012 zu den größten privaten Übersetzungsbüros weltweit. Insgesamt gibt es mittlerweile Niederlassungen in über 90 Städten auf der ganzen Welt. Das Unternehmen hat sich auf die Übersetzung von Rechtstexten spezialisiert und setzt schon seit langer Zeit bei der Umsetzung ihrer Tätigkeiten auf technische Entwicklung, die den Arbeitsprozess effizienter, einfacher und zeitsparender gestalten.

Wevorce (Wevorce 2019) ist ein amerikanisches LegalTech Unternehmen das Lösungen im Bereich der einvernehmlichen Scheidungen anbietet. Durch die Struktur der Plattform ist es möglich den eigenen Arbeitsablauf zu kreieren sowie auch den individuell bestimmten zeitlichen Rahmen. Es werden in einem ersten Schritt die optimalen Ergebnisse definiert. Dies bedeutet, dass bestimmt wird, wo jede Person sich nach der Scheidung vorstellen kann zu sein, sei es nun bezüglich der Kinderobsorge, dem gemeinsamen Wohnort, Ferienhaus, Unterhaltsleistungen etc. Die Personen werden dabei von einem einfachen Guide in Form von Fragen geleitet, der eine angenehme Hilfestellung bietet. Dabei werden menschliche Aspekte nicht vollständig ausgeblendet, denn stellt die Plattform auch Mediatoren zur Verfügung, die stets via Mail, Telefon etc. erreichbar sind, um auftretende Fragen kompetent zu beantworten.

8.4.4 Kanada

Clio.com (Clio.com 2019) ist ein cloudbasiertes LegalTech Unternehmen, das darauf fokussiert ist, Rechtsexpert*innen das Arbeitsleben in Form von Dokumentenautomation, Rechnungslegung und weiteren automatisierten Vorgängen zu vereinfachen. Clio ist sowohl von kleinen, als auch sehr großen Rechtsfirmen gut integrierbar in den Arbeitsprozess.

Blue J Legal (Blue J Legal 2019) ist ein anglo-amerikanisches Unternehmen, welches sich besonders auf steuerrechtliche Beratung spezialisiert hat. Die Software stützt auf dem Gedanken die Berechenbarkeit und dadurch auch individuelle Sicherheit zu stärken. Die Software muss vor Beginn mit grundlegenden Informationen versorgt werden. Dieser Prozess wird als „Scenario" bezeichnet. Auf der Grundlage des eingefügten „Scenarios" werden sodann Analysen gestartet, die mittels KI eine Prognose zu steuerrechtlichen Verhältnissen ermittelt und in einem weiteren Schritt das vorliegende „Scenario" mit allen verfügbaren vorhergehenden für das „Scenario" relevanten Situationen vergleicht. Das Tool bietet in weiterer Folge eine Erklärung der erzielten Ergebnisse, sodass es möglich ist ein besseres Verständnis zu schaffen.

DivorceMate (DivorceMate 2019) ist eine Software, maßgeschneidert für Scheidungsanwälte in Kanada. Die Software erlaubt es schnell und unkompliziert Scheidungsfälle zu dokumentieren und online zu bearbeiten. Die Plattform bietet Modelle zur einfachen und sofort verfügbaren Berechnung von Kindesunterhalt oder Ehegattenunterhalt an. Die Software bietet einen Einachen Zugang indem darauf geachtet wird, dass die Systeme über eine Cloud abgewickelt werden, Datensicherheit soll gewährleistet werden, jede Art des Browsers kann verwendet werden, keine Softwareinstallationen, einfaches Handhaben durch File-sharing etc. Das System arbeitet mit Microsoft Azur zusammen.

Gavel & Gown Software Inc. (Gravel & Gown Software Inc. 2019) entwickelt Praxismanagement-Software für Anwaltskanzleien weltweit. Die zwei Hauptprodukte sind Amicus Attorney, eine Verwaltungssoftware und Amicus Accounting, eine Zeitabrechnungs- und Buchhaltungssoftware. Das Gesamtkonzept verfolgt eine Optimierung der sog. „billable hours", welche die Grundlage darstellen für die meisten Verrechnungskonzepte in Anwaltskanzleien. Allerdings gestaltet sich die Sondierung der Stunden manchmal etwas zeitaufwändig bzw. bedarf es wiederum anderer Personen, die sich der Abrechnungen annehmen.

Kira (Kira 2019) ist ein in Kanada gegründetes Unternehmen, das sich auf die Analyse von Verträgen anhand von Machine Learning konzentriert. Das System ist so aufgebaut, dass in einem ersten Schritt einfach mittels Drag & Drop-Funktion Dokumente in bis zu 60 verschiedenen Formaten hochgeladen werden können. Die Verwendung von KI ermöglicht es, dass Dokumente automatisiert in eine maschinenlesbare Form konvertiert werden können. Dieselbe Konzeption findet Anwendung bei der darauffolgenden Analyse der Dokumente: Machine Learning-basierte Modelle identifizieren die Konzepte und Klauseln eines Vertragswerkes. Auch dieses Unternehmen hat es sich zur Aufgabe gemacht transparente Arbeitsschritte zu bieten, was sich widerspiegelt in einer Dashboard-Funktion sowie On-Screen Editing-Optionen sowie Workflow-Werkzeugen. Laut Angaben der Entwickler lassen sich dank Kira Verträge bis zu 90 % schneller analysieren.

8.5 Orte der (Legal) Tech-Innovation

Nicht nur Unternehmen, Kanzleien oder andere Entitäten haben sich zusammengeschlossen und sich dem Thema „Legal Tech" angenähert, sondern auch andere Formen der Auseinandersetzung mit Technologie im Rechtsbereich kann beobachtet werden. Hierbei sind die sog. „Legal Tech Labs" ins Treffen zu führen. Nachdem Sie bereits einen globalen Überblick hinsichtlich Legal Tech-Bewegungen und -Entwicklungen erhalten haben, stellen wir Ihnen nachstehend einige „Legal Tech Labs" vor.

1. Universität Helsinki
   Die Universität Helsinki hat es sich zur Aufgabe gemacht ein interdisziplinäres Forschungsprojekt ins Leben zu rufen, welches Forschungsarbeit grundlegend im Bereich der Auswirkung und dem Zusammenspiel von Digitalisierung und Technologie in der Rechtsbranche betätigt. Das Ziel ist es Bewusstsein zu schaffen in Bezug auf die Möglichkeiten im Rahmen von Technologie, kritische Begutachtung und zudem soll es ein „one-stop-shop" für Akademiker*innen sein. Es sollen praktische Informationen zum Thema angeboten werden – dabei werden akademisches Arbeiten und Experimentierfreude kombiniert. (Universität Helsinki 2019)
2. Universität Kopenhagen
   Ein weiteres Legal Tech Lab wurde am Campus der Universität Kopenhagen eröffnet. Dieses Lab zeichnet sich durch seine interdisziplinäre Zusammensetzung aus, wobei die Interjektion von Recht, Technologie und Innovation geschaffen wird. Die Mission des Labs zeichnet sich durch deren drei Säulen aus: Ein Verständnis schaffen für die Effekte und Auswirkung von Legal Tech auf die Rechtsbranche. Zweitens sollen innovative und neue Lösungen gefunden werden, die auf Technologie basieren. Dabei liegt der Fokus auf Einbeziehung der Bedürfnisse der Nutzer*innen, die mit rechtlichen Herausforderungen konfrontiert sind. Die letzte Säule der Mission besteht in der

Ausbildung von jungen Akademiker*innen und sonstigen Professionals, sodass eine annehmbare Benutzung und Anwendung von Legal Tech stattfinden kann. (Universität Kopenhagen 2019)
3. Universität Köln
Die Universität Köln hat eine Hochschulgruppe gegründet, die sich den Herausforderungen der Digitalisierung widmet. Digitalisierung soll im Lab aus einer politischen, gesellschaftlichen, ethischen, praktischen sowie rechtlichen Perspektive analysiert werden, wobei zentrales Element dabei die Erörterung der Wechselwirkungen von Technik und Recht darstellen. Das Lab nimmt sich theoretischer Untersuchungen an und gießt diese in praktische Anwendungsbeispiele. Es kann dabei auch hervorgehoben werden, dass die Gruppe bereits ca. 20 Mitglieder*innen umfasst, welche sich in kleine Arbeitsgruppen unterteilt. Dies Gruppen erarbeiten sodann unterschiedliche Projekte. (Universität Köln 2019)
4. Goethe-Universität Frankfurt
An der Universität in Frankfurt hat sich eine studentische Initiative zusammengeschlossen und erarbeitet interdisziplinär mit praxisorientiertem Einschlag Themenkomplexe hinsichtlich Digitalisierung. Die einhergehenden Veränderungen, Einflüsse und Auswirkungen auf den Bereich Recht stehen im Vordergrund. Weiteres zentrales Element der Arbeit ist die Aufmerksamkeit der Studierenden zu erlangen, sodass im Ausbildungssektor mehr Bewusstsein entstehen kann. Die Organisation veranstaltet Vortragsreihen, Diskussionsrunden, stellt Networking Optionen zur Verfügung und bietet Exkursionen an. (Goethe Universität Frankfurt 2019)
5. Universität Osnabrück
Ein Lehrprojekt zum Thema Legal Tech wurde unter Kooperation mit einer Studierendeninitiative gegründet. Das Pilotprojekt soll eine Grundlage bieten für das Einbetten von Technologie in der Juristen*innenausbildung. Es wird von den Projektmitgliedern auf bereits bestehende technologische Entwicklungen im Raum Deutschland verwiesen – wie beispielsweise, „flightright", „wenigermiete" etc. – und drauf hingewiesen, dass dies die Zukunft der Rechtsbranche in vielerlei Hinsicht verändert. Weiters versteht das Pilotprojekt sich als Inkubator für das Bereitstellen einer fundierten Ausbildung, die es ermöglicht die Qualifikationen zu erlangen, die

notwendig sind, um in der veränderten Arbeitsmarktwelt zurecht zu kommen. Es werden auch interdisziplinäre Fragen angestoßen, wie beispielsweise die Veränderung unseres Verständnisses von Recht bedingt durch Big Data, Algorithmen, etc. (Universität Osnabrück 2019)
6. Legal Technology Laboratory
Das Ziel des Projektes ist es, interdisziplinäre und multi-institutionelle projektbasierte Lösungen zu entwickeln, die auf Technologie beruhen. Dabei hat das Lab verschiedene Arbeitsbereiche gewählt. Unter anderem sollen der Zugang zu Rechtsservices erleichtert werden. Die Zugangsbeschränkungen sollen beseitigt werden in dem Technologieprodukte zum Einsatz gelangen, welche Effizienz schaffen, sowie Kostensenkung in sich bergen. Ein weiteres Aufgabengebiet ist die Ausbildung und Fortbildung von Juristen*innen. (Legal Technology Laboratory 2019)
7. Universität Amsterdam
Die Universität bietet ein weites Spektrum an Labs an. Diese dienen grundsätzlich dazu den Studenten*innen die Möglichkeit einzuräumen sich mit Experten*innen, Institution, Unternehmen oder anderen Entitäten zusammenzuarbeiten. Das Ziel dabei ist es innovative Lösungen zu entwickeln, die geeignet sind den komplexen Problemstellungen gerecht zu werden. Unter anderen wird ein Lab zum Thema Technologie geführt. (Universität Amsterdam 2019)
8. Reinvent – The Legal Innovation Hub
Reinvent ist in der Erscheinungsform etwas anders Im Gegensatz zu den universitätsgebundenen Legal Tech Labs. Das Lab bietet eine breite Marsche an Services, Aktivitäten und Entwicklungen an, die drauf gerichtet sind Innovation zu fördern. In sog. „innovation streams" können die Mitglieder von Reinvent sich Informationen und Wissen zu neunen Tools aneignen, Techniken und Gadgets erproben, sowie auch in kleinen Gruppen das persönliche Profil und die eigenen Skills erweitern. Die Bandbreite des Angebots ist tief und breit – es werden Sessions angeboten von Coding für Juristen*innen bis hin zu Legal Design Thinking. (Reinvent 2019)
9. Freshfields
Auch Freshfields wirkt in einem Lab aktiv mit. Das Ziel des Labs ist es ein vitaler Bestandteil zu sein bei der Erarbeitung von Lösungen und Antworten in dem sich schnell ändernden Umfeld von

Technologie. Das Unternehmen versucht dabei eine Kollaboration mit Mandanten*innen zu schaffen, um digitale Strategien und Technologien zu erforschen, und in einem weiteren Schritt die Vorteile und Möglichkeiten dessen effektiv einsetzen zu können. (Freshfields 2019)

10. Universität Wien
Die Universität Wien hat seit 2017 ein eigenes Institut, welches sich Innovation und der Digitalisierung im Recht widmet. Dabei werden überwiegend Themenkomplexe zu Datenschutzregelungen, Urheberrechte, Verbraucherrechte, etc. mit einer europarechtlichen Perspektive analysiert. Es wird zunehmend versucht Legal Tech und Technologie im der Rechtsbranche mit in das Forschungsfeld einzubeziehen. (Universität Wien 2019)

11. Legal Tech Labs
Legal Tech Labs ist ein in den USA ansässiges Unternehmen, das sich darauf spezialisiert hat, Ideen und Projekte zur Digitalisierung der Rechtsbranche zu unterstützen. Das Unternehmen bietet unter anderem die Ressourcen, Mentoren*innen, strategische Partner*innen, Investoren*innen und Konzepterprobungsplattformen, die es benötigt um Ideen im Bereich von Legal Tech umzusetzen. (Legal Tech Labs 2019)

12. Duke Law Tech Lab
Bei dem Unternehmen setzt man besonders auf Start-Ups der Legal Tech Branche. Gründer*innen eines solchen Start-Ups können eine Bewerbung einsenden und bei erfolgreicher Annahme erhält man die notwendige Unterstützung in Bezug auf Aufbau und Networking des eigenen Legal Tech Projekts. Dazu zählt unter anderem auch eine wöchentliche Videokonferenz, bei der die Möglichkeit geboten wird sich mit diversen erfahrenen Personen der Rechtsbranche auszutauschen. (Duke Law Tech Lab 2019)

13. MDR Lab
Die Zielgruppe des MDR Labs in London sind Start-ups im Bereich Legal Tech. Besonders gesucht für dieses Programm werden junge Unternehmen in den Bereichen Prozessführung, Transaktionsrecht, Cyberrecht und Immobilienrecht. Geboten wird ein breites Spektrum an Mentoren und Investitionen in die jeweiligen Projekte. (MDR London 2019)

14. Next Law Labs
Das NextLaw Lab ist eines der führenden Unternehmen im Bereich Rechtstechnologie- und Innovationsberatung. Den Kunden*innen werden umfassende End-to-End-Lösungen angeboten um die Qualität und Effizienz nachweislich zu verbessern und die Digitalisierung des jeweiligen Unternehmens zu fördern. Um die Zielerreichung zu garantieren werden Kooperationen geschlossen mit den weltweit führenden Unternehmen, Klienten*innen und den Technologieanbietern*innen. Nicht außer Acht zu lassen, dass NextLabs seinen eigenen Venture Capital Fund unterhält, welcher sich auf die Zusammenarbeit mit Start-ups im Stadium der Frühentwicklung spezialisiert hat. (Next Law Labs 2019)
15. Asean Legal Tech
Die Asean Legal Tech Association ist bislang eines der wenigen seiner Art im asiatischen Raum. Der Verband besteht aus einem Netzwerk von Legal Tech Unternehmen, Rechtstechnologen*innen, Anwaltskanzleien, Rechtsabteilungen, Aufsichtsbehörden und Einzelpersonen in Südostasien. Ziel dieses Netzwerks ist das Erschaffen von Bewusstsein und die Erweiterung für Legal Tech in Asien. Um dieses Ziel zu erreichen werden jeden Monat diverse Veranstaltungen passend zum Thema angeboten, dazu gehören Meet Ups, Vorträge und Diskussionsrunden. Im Mittelpunkt steht der Dialog. (Asean Legal Tech 2019)
16. Legal Tech Hub Vienna
Eine besondere Initiative: Die Rechtsanwaltskanzleien Dorda, Eisenberger & Herzog, Herbst Kinsky, PHH, Schönherr, SCWP Schindhelm und Wolf Theiss haben im Oktober 2018 gemeinsam den Legal Tech Hub Vienna (LTHV) ins Leben gerufen. Eine bis dato in dieser Form einzigartige kanzleiübergreifende Initiative von Law Firms. Kernziel des LTHV: Die Rechtsberatungsbranche pro-aktiv, Mandanten-orientiert und innovativ in die digitale Zukunft zu führen. Die Aktivitäten des LTHV umfassen u. a. ein Acceleratorprogramm für Legal Tech Unternehmen, lokale und internationale Kooperationen mit Interessensvertretungen, Universitäten, Fachhochschulen und bestehenden/künftigen Legal Tech Hubs sowie die Entwicklung von Standards für die gesamte Rechtsbranche über Forschungsaufträge, Diplomarbeiten und Partnerschaften. (Legal Tech Hub Vienna 2019)

17. FLIP

    Südostasiens erster Legaltech-Accelerator: Accelerate! Es werden Legal Tech Start-ups gefördert und neue Geschäftsmodelle oder Dienstleistungen von Anwaltskanzleien entwickelt. Es ist eine Initiative der Singapore Academy of Law (SAL) und des Future Law Innovation Program (Flip). (FLIP 2019)

18. Clifford Chance, CreatePlus65

    Create+65 ist ein LegalTech-Innovationslabor, das sich im Zentrum des Clifford Chances Innovation & Best Delivery Hubs für den asiatisch-pazifischen Raum. Create+65 hat es sich um Ziel gesetzt neue Technologien für die Rechtsbranche zu entwickeln, testen und als Pilotprojekte zu begleiten. Es soll dabei das Serviceangebot von Clifford Chance sowie auch der gesamten Rechtsbranche für Klienten˙innen zu Gute kommen. Unterstützung findet das Unternehmen dabei vom Singapore Economic Development Board (EDB). In Zusammenarbeit mit dem Future Law Innovation Program (FLIP) der Singapore Academy of Law bringt Create+65 Risikokapitalgeber˙innen, Start-ups, Produktentwickler˙innen, Universitäten und private Institutionen zusammen, um sich auszutauschen und neue Rechtsberatungstools und -lösungen zu entwickeln. (Clifford Chance 2019)

19. L'accélérateur de l'incubateur du barreau de Paris

    Die Pariser Anwaltskammer hat eines der ersten Legal Tech Accelerators ins Leben gerufen. Sie betreibt den Accelerator für Legal Tech Unternehmen, die von eingetragenen Pariser Anwälten˙innen entwickelt und betrieben werden. Es versteht sich selbst als ein Netzwerk aller aktiver Interessenten, die dadurch die Möglichkeit schaffen einen neunen evolutionären Weg einzuschlagen. Das Credo bzw. die Mission lautet: „anticiper, collecter et diffuser". Dabei können die unterschiedlichsten Projekte zum Them gemacht, nach Kooperationspartnern˙innen gesucht oder ein Forum des Austausches etabliert werden. (Incubatuer IBP 2019)

In der Abb. 8.2 finden Sie einen Überblick über die Legal Tech Labs auf der ganzen Welt.

8 Marktüberblick 129

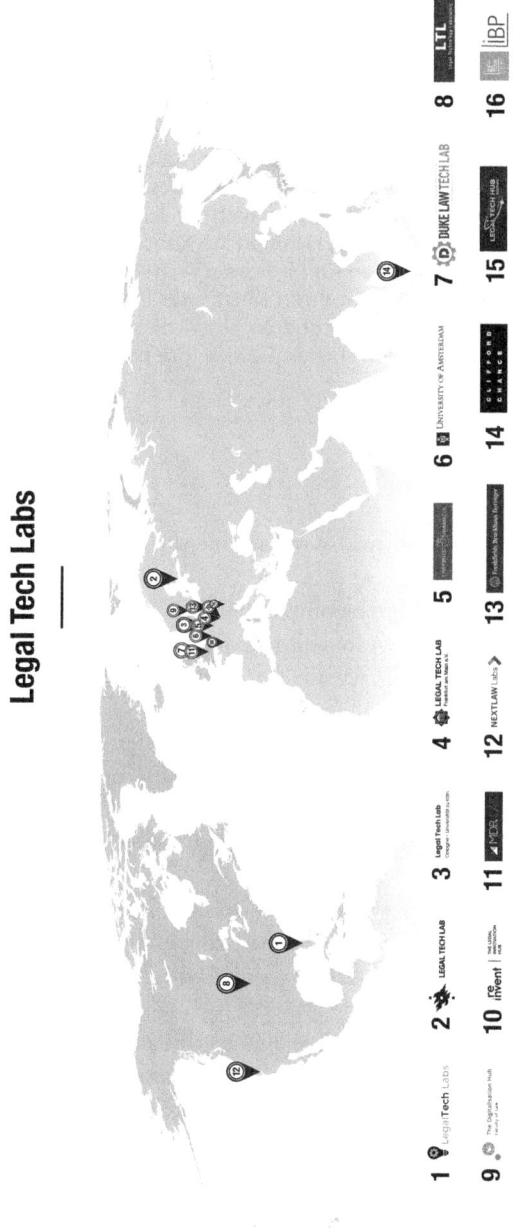

Abb. 8.2 Legal Tech Labs weltweit per November 2019

> **Ihr Transfer in die Praxis**
>
> Legal Tech Labs bieten eine gute Möglichkeit, Themenkomplexe zu Digitalisierung und Recht in Angriff zu nehmen. Dabei kann interdisziplinär und multi-institutionell gearbeitet werden, wobei verschiedene Arbeitsmethoden, Forschungstechniken sowie Präsentationsmöglichkeiten kombiniert werden können und ein Synergieeffekt erzielt werden kann.
> Überlegen Sie sich, ob eine Initiative auch für Sie und Ihre Organisation interessant sein könnte. Wenn ja, nehmen Sie Kontakt auf.
> Holen Sie sich konkrete Ideen für Ihre Legal Tech-Projekte. Tragen Sie sich einen regelmäßigen Termin mit Ihren Mitstreiter*innen in Ihren Kalender für das nächste Jahr ein und diskutieren Sie in diesen Terminen die Legal Tech-Aktivitäten der anderen. Suchen Sie sich Ihre passenden Best Practice-Beispiele heraus.

Literatur

Asean Legal Tech. 2019. https://www.aseanlegaltech.com/. Zugegriffen am 05.11.2019.
Bloomberglaw. 2019. https://pro.bloomberglaw.com/. Zugegriffen am 08.11.2019.
Blue J Legal. 2019. https://www.bluejlegal.com/. Zugegriffen am 05.11.2019.
Clifford Chance. 2019. https://www.cliffordchance.com/home.html. Zugegriffen am 09.11.2019.
Clio.com. 2019. https://www.clio.com/uk/. Zugegriffen am 05.11.2019.
Codelex. 2019. https://asialawportal.com/2019/08/08/new-legal-tech-company-codelex-aims-to-streamline-the-practice-of-law/. Zugegriffen am 10.10.2019.
Core Matter. 2019. https://www.corematter.asia/Pages/Login.aspx. Zugegriffen am 10.11.2019.
CrowdJustice. 2019. https://www.crowdjustice.com/. Zugegriffen am 05.11.2019.
DivorceMate. 2019. https://www.divorcemate.com/. Zugegriffen am 05.11.2019.
Duke Law Tech Lab. 2019. https://www.dukelawtechlab.com/. Zugegriffen am 06.11.2019.
Edicted. 2019. https://www.edicted.de/. Zugegriffen am 10.11.2019.
Exari. 2019. https://www.exari.com/. Zugegriffen am 10.11.2019.
Fairplane.at. 2019. https://www.fairplane.at/. Zugegriffen am 10.11.2019.
FLIP. 2019. https://www.flip.org.sg/. Zugegriffen am 06.11.2019.
Freshfields. 2019. https://www.freshfields.com/de/about-us/connected-innovation/freshfields-lab/. Zugegriffen am 03.11.2019.
FT Reports. 2018. S. 34. (8. Juni 2018).

G Suite. 2019. https://gsuite.google.com/. Zugegriffen am 10.11.2019.
Goethe Universität Frankfurt. 2019. https://legaltechlab.de/. Zugegriffen am 07.11.2019.
Gravel & Gown Software Inc. 2019. https://www.abacusnext.com/software/case-management/amicus-attorney. Zugegriffen am 05.11.2019.
Incubatuer IBP. 2019. https://incubateur-ibp.com/. Zugegriffen am 08.11.2019.
Jurato. 2019. https://www.jurato.de/ueber-uns. Zugegriffen am 10.11.2019.
Kira. 2019. https://kirasystems.com/. Zugegriffen am 05.11.2019.
Lawtech.Asia. 2019. https://lawtech.asia/lextech18-quick-chats-fareez-shah-fareez-shah-partners/. Zugegriffen am 10.11.2019.
LEAP. 2019. https://www.leap.com.au/. Zugegriffen am 08.11.2019.
Legal Tech Hub Vienna. 2019. www.lthv.eu. Zugegriffen am 07.11.2019.
Legal Tech Labs. 2019. http://www.legaltechlabs.com/. Zugegriffen am 09.11.2019.
Legal Technology Laboratory. 2019. https://thelegaltechlab.com/index.php. Zugegriffen am 07.11.2019.
Legal.io. 2019. https://www.legal.io/. Zugegriffen am 05.11.2019.
LegalBase. 2019. https://legalbase.de/angebot/markenrecherche-deutschland/. Zugegriffen am 10.11.2019.
LegalVision. 2019. https://legalvision.com.au/. Zugegriffen am 10.11.2019.
Legalzoom. 2019. https://www.legalzoom.com/country/dk. Zugegriffen am 05.11.2019.
LeReTo. 2019. https://www.lereto.at/tool.html. Zugegriffen am 10.11.2019.
Leverton. 2018. http://blog.leverton.ai/news/press/freshfields-signs-framework-agreement-leverton. Zugegriffen am 03.08.2018.
Lexcovo. 2019. https://www.lexvoco.com/. Zugegriffen am 10.11.2019.
Lexmachina. 2019. https://lexmachina.com/. Zugegriffen am 05.11.2019.
Lexoo. 2019. https://www.lexoo.co.uk/. Zugegriffen am 05.11.2019.
Libryo. 2019. https://libryo.com/. Zugegriffen am 05.11.2019.
Luminance. 2019. https://www.luminance.com/. Zugegriffen am 05.11.2019.
Manz.at. 2019. https://rdb.manz.at/home?bridgemode=solutions. Zugegriffen am 10.11.2019.
MDR London. 2019. https://lab.mdr.london/categories/. Zugegriffen am 05.11.2019.
MeinAnwalt.at. 2019. https://www.meinanwalt.at/. Zugegriffen am 10.11.2019.
Next Law Labs. 2019. http://www.nextlawlabs.com/. Zugegriffen am 05.11.2019.
NextLaw Labs. 2019. http://www.nextlawlabs.com/. Zugegriffen am 05.11.2019.

NextLaw Ventures. 2019. http://www.nextlawventures.vc/. Zugegriffen am 05.11.2019.
Ravel Law. 2019. https://home.ravellaw.com. Zugegriffen am 05.11.2019.
Reinvent. 2019. https://reinvent.law/. Zugegriffen am 04.11.2019.
Rightmart. 2019. https://rightmart.de/. Zugegriffen am 10.11.2019.
Riverview Law. 2019. http://www.riverviewlaw.com. Zugegriffen am 10.11.2019.
Rocket Lawyer. 2019. https://www.rocketlawyer.com/. Zugegriffen am 05.11.2019.
simpLEX Doks. 2019. http://www.simplex-doks.at/. Zugegriffen am 10.11.2019.
Transperfect. 2019. https://www.transperfect.com/. Zugegriffen am 05.11.2019.
Trello. 2019. https://trello.com. Zugegriffen am 10.11.2019.
Universität Amsterdam. 2019. https://als.uva.nl/amsterdam-law-practice/law-labs/law-labs.html?1573422390198. Zugegriffen am 07.11.2019.
Universität Helsinki. 2019. https://www.helsinki.fi/en/networks/legal-tech-lab/about. Zugegriffen am 08.11.2019.
Universität Köln. 2019. https://legaltechcologne.de/category/readinglegaltech. Zugegriffen am 08.11.2019.
Universität Kopenhagen. 2019. https://jura.ku.dk/english/digitalisationhub/research/legal-tech-lab/. Zugegriffen am 05.11.2019.
Universität Osnabrück. 2019. https://www.elsi.uni-osnabrueck.de/en/elsi_lehrstuehle/prof_dr_christoph_busch_maitre_en_droit/legal_tech_lab.html. Zugegriffen am 07.11.2019.
Universität Wien. 2019. https://id.univie.ac.at/. Zugegriffen am 10.11.2019.
Westpac. 2019. https://www.westpac.com.au/about-westpac/innovation/. Zugegriffen am 08.11.2019.
Wevorce. 2019. https://www.wevorce.com/. Zugegriffen am 05.11.2019.
Yellow Law. 2019. https://yellowlaw.at/. Zugegriffen am 10.11.2019.
Zeren. 2019. https://www.zeren.co.nz/#delivering-services-differently. Zugegriffen am 08.11.2019.

The manufacturer's authorised representative in the EU is Springer Nature Customer Service Centre GmbH, Europaplatz 3, 69115 Heidelberg, Germany. If you have any concerns regarding our products, please contact ProductSafety@springernature.com

Printed and bound by CPI Group (UK) Ltd, Croydon, CR0 4YY

25/03/2026

02078224-0003